# La ferveur de vivre

Jacques Salomé

# La ferveur de vivre

Albin Michel

*La vie est une succession de naissances*
*et de renaissances*
*faite de rencontres et de séparations.*
*Viendra ainsi se greffer la ferveur d'exister*
*avec le plein de soi-même.*

*Avant-propos*

# La ferveur de vivre

J'ai souvent eu le sentiment tout au long de ma vie de cheminer dans une seule direction, celle qui devait me conduire au plus près de moi. Parfois de façon aléatoire, d'autres fois en étant plus centré, et ainsi d'aller de découvertes en découvertes concernant ma propre existence, et par là même d'être conduit à mieux comprendre les sens possibles de ma venue au monde.

La plus magnifique de ces découvertes a été certainement celle qui m'a permis de découvrir que j'étais porteur d'une parcelle, d'une graine de VIE. Et que cette graine allait constituer la source essentielle de mes énergies, qu'elle allait me vivifier, me dynamiser et me propulser vers les différentes rencontres dont fut tissée mon existence d'enfant, d'adolescent, d'adulte et maintenant de « senior » – un terme qui se veut plus élégant que « vieillard », puisé dans le vocabulaire des affaires, pour nommer quelqu'un qui jouit d'un statut particulier fait de compétences, d'expérience voire de sagesse, pour nous aider à affronter, plus dignement, la dernière ligne droite, le dernier parcours. Quand j'ai perçu combien cette VIE m'était précieuse et qu'il importait d'en prendre soin et de la rendre plus belle, j'ai pu aller « de petites en grandes métamorphoses », comme l'exprimait si joliment une connaissance.

Par la suite, j'ai mieux compris que je pouvais aussi donner encore plus de VIE à ma vie, qu'il m'appartenait de la laisser vibrer en moi et de lui permettre de rayonner tout autour et bien au-delà de ma personne, de l'amplifier – chaque fois que c'était possible.

C'est par une meilleure conscientisation de ma Vie que j'ai mieux saisi que je n'étais en quelque sorte que le résultat, le produit pourrais-je dire, de mes erreurs, de mes coups de cœur, de mes doutes et de quelques certitudes toujours relatives.

Est-ce une fois de plus ma grand-mère qui aurait dit que notre devenir n'est qu'un peu de notre passé qui est en retard, un passé qui se rattrape. Cela m'a donné une plus grande acuité pour capter l'inattendu, pour oser entrer dans plus d'imprévisible, pour agrandir et vivre à pleine vie l'instant présent.

Chaque regard offert et reçu faisait entrer plus de lumière, plus de douceur, plus de couleurs en moi.

Chaque inspir et expir se répandait plus pleinement, me donnait plus de consistance, me faisait avancer plus droit, me confirmait comme être vivant.

Chaque partage donnait à mon écoute plus de sensibilité, pour accueillir l'indicible, entendre les murmures cachés d'une émotion, d'une joie, d'un chagrin ou d'un non-dit.

Chaque fois que j'acceptais de capter les mouvements, la vivance de la VIE chez l'autre, un message venait vers moi, plongeait dans mon cœur, puis il m'en parvenait d'autres, qui me surprenaient par leur évidence, ce qui me faisait parfois passer pour un voyant, ou quelqu'un doué d'intuition, alors que je ne suis qu'un écoutant.

J'ai appris à accueillir les manifestations multiples et infinies de la VIE, autour de moi, à laisser venir au plus près les vibrations, et à les relancer en écho, je veux dire à les redonner.

Aujourd'hui, j'apprends que la VIE est dans tout et partout.

Qu'il est possible de donner plus de VIE à tous nos sens.

Qu'il est vital de donner plus de VIE à la vie.

Cela s'appelle « la ferveur de vivre ».

*Une vie pleine de Vie*

# Quelques chemins possibles pour vivre au présent

Depuis quelques années, j'ai l'impression que dans ma vie le temps s'accélère, qu'il ne me permet plus de vivre, à temps plein, l'intensité de l'instant. Brouillage, parasitage, télescopage de tant de choses à penser, à faire, à découvrir, à vivre, qui font que le présent semble se rétrécir, se ratatiner sur lui-même, me laissant en fin de jour un goût d'amertume, d'insatisfaction et parfois de manque, sans toujours savoir de quoi est fait ce manque.

Quand j'ai commencé à mieux percevoir ce phénomène, j'ai tenté de courir après le temps, mais il courait lui-même plus vite que moi et ne se laissait jamais rattraper !

Ensuite j'ai essayé de l'apprivoiser, de l'amadouer en ne remplissant pas mon temps de trop de choses à faire, en ne le gavant pas de projets, en ne le noyant pas de désirs impossibles.

Aujourd'hui, j'essaie de le respecter, ce présent si précieux, si volatil, si imprévisible.

Je suis devenu plus vigilant, impitoyable même envers ceux qui m'entourent pour ne pas me laisser déposséder de ce présent qui semble attirer beaucoup de convoitise dans mon entourage proche et moins proche. Mais si je ne veux plus me laisser voler la moindre parcelle de la vie vibrante déposée dans un instant, je me dois cette même vigilance à mon égard.

Cela commence au matin, avant même d'ouvrir les yeux : suis-je dans cet instant, entre rêve et éveil, entre sommeil et réalité ? Suis-je bien là où je suis ? C'est bien à moi de me rejoindre dans ma respiration, dans l'écoute de mon corps, pour entrer entier dans la réalité.

Cela se poursuit dès le saut du lit : suis-je ici ou déjà ailleurs, à commencer à courir après le temps ?

Devant mon miroir, puis-je avoir un regard bienveillant sur mon visage, sur mon corps, sur ma personne ? Car c'est bien avec chacun d'eux que je vais vivre cette journée.

Puis-je ne pas reporter à demain ce que je peux faire aujourd'hui ? Car ce qui nous fatigue et déchire le présent, c'est l'accumulation de tout ce que nous n'avons pas fait, de tout ce qui nous reste à faire !

Ai-je appris à me protéger suffisamment des pollutions téléphoniques qui font irruption à chaque instant dans ma vie et me détournent de ce que je fais ou pense ?

Ai-je le goût de ne pas m'encombrer l'esprit avec des phrases telles que : « Ah, il faut que je pense à… » ou encore : « Il ne faut surtout pas que j'oublie de… » ? En utilisant un petit carnet sur lequel je dépose la liste de mes engagements, je libère mon esprit de leur poids.

Ai-je pu relâcher l'emprise de mes ressentiments, accusations ou reproches, qui peuvent parasiter mon ouverture à l'imprévisible ?

Suis-je au présent par mon écoute, mon regard ou ma disponibilité sans être contaminé par les réminiscences douloureuses du passé ou l'anticipation plus ou moins persécutrice du futur ?

Et même si cela peut paraître un peu trop égocentrique ou nombriliste à mon entourage, si je peux répondre oui à chacune de ces questions, alors c'est que je sais vivre le présent, qui me le rendra bien.

# Ce que la vie m'a appris

Ce que la vie m'apprend tous les jours, à chaque instant, ce que la vie m'a appris, surtout sur le tard de mon existence, c'est qu'elle est trop courte et qu'il ne faut pas passer à côté d'elle. Que ma vie est précieuse, unique et qu'il est essentiel de ne pas gaspiller ou maltraiter le temps de sa présence en moi.

Ma vie m'a invité avec patience et ténacité à la vivre à pleine vie.

C'est l'invitation que je fais à chacun : vivre sa vie au plein du présent sans s'enfermer ou se paralyser dans la nostalgie du passé, sans fuir dans les errances d'un avenir hypothétique. Et savoir qu'il est possible d'inscrire chaque parcelle de vie dans l'éternité d'un instant.

Une des plus belles leçons que la vie m'a fait découvrir, c'est que je pouvais non seulement la donner (je suis le père de cinq enfants), mais aussi la dynamiser en la nourrissant d'énergie et de messages positifs, qu'il est possible de l'agrandir autour de moi en offrant mes possibles et en respectant mes limites. Elle m'a appris que je peux l'embellir en lui offrant du beau, qu'il est possible de la pacifier en recherchant la présence de personnes qui sont en paix avec elles-mêmes, ou encore de la stimuler en m'entourant d'objets harmonieux et surtout de la redynamiser en osant découvrir que derrière toute peur, il y a un désir à entendre.

La vie m'a appris qu'elle est faite d'une succession de naissances qui sont autant de miracles. Je m'étonne et j'ai envie de réagir quand j'entends autour de moi des gens dire : que la vie est difficile ou injuste, qu'elle n'est pas marrante ou terrible pour certains ! Ma fille aînée, qui est biologiste, m'a dit un jour avec son enthousiasme inépuisable : « Tu sais, papa, que je puisse te parler et que tu puisses m'écouter, cet acte suppose que des milliards de connexions en toi et en moi doivent fonctionner en même temps, car s'il y a une minuscule information biochimique qui manque, rien ne passera entre nous, nous devenons deux étrangers ! La vie est un miracle permanent, on devrait se mettre à genoux tous les matins pour la remercier ! » m'affirmait-elle.

La vie m'a appris qu'on doit la respecter, je veux dire par là qu'on ne doit pas blesser, abîmer l'une ou l'autre de ses manifestations autour de nous, l'un ou l'autre de ses visages, de sa présence en nous.

La vie m'a appris que le propre du vivant sur cette planète, c'est qu'il sécrète des déchets et donc que si une relation est vivante, aussi formidable soit-elle, elle va produire des scories qu'il ne faudra pas laisser s'accumuler, qu'il conviendra d'évacuer, et qu'il faudra s'en libérer.

La vie m'a appris qu'elle est généreuse, bienveillante, inépuisable dans ses manifestations les plus diverses. Que dans tout événement, même celui qui nous paraît, dans un premier temps, le plus terrifiant, le plus catastrophique, il y a le possible d'un germe de changement ou d'une renaissance.

La vie m'a appris que l'on peut aussi la magnifier au travers de rencontres magiques, comme le sont les rencontres amoureuses ou les partages de tendresse. C'est dans l'amour partagé en réciprocité que la vie prend toute sa saveur, donne tout son goût, révèle toute son ampleur.

La vie m'a appris à être humble, quand j'ai découvert que je n'ai pas de pouvoir sur mes sentiments, ni sur ceux de l'autre, que je ne peux pas dicter à mon désir, pas plus qu'à celui de l'autre.

La vie m'a fait aussi le cadeau de m'offrir des périodes de santé et des moments de bien-être, qui m'ont permis de ne pas sombrer dans le désespoir et la déprime.

Et puis, je peux vous le dire sans aucune réserve, la vie m'a fait découvrir qu'il est possible d'inventer des relations plus vivantes et en santé en m'appuyant sur une démarche cohérente, comme la Méthode ESPERE®[1], une approche pour permettre à chacun de se relier au meilleur de lui comme au meilleur de l'autre.

Ma vie ardente et fidèle m'a ainsi accompagné tout au long de ces années et ma reconnaissance à son égard est infinie.

---

1. Énergie spécifique pour une écologie relationnelle à l'école : approche méthodologique pour un enseignement de la communication relationnelle ou communication sans violence, proposée à partir de 1997 par l'auteur et susceptible d'être proposée dans le cursus scolaire aux enfants et aux enseignants.

## La vivance, une qualité de la vie

Je pensais avoir inventé ce mot dans les années 1970, dans un poème amoureux où je tentais de dire combien l'amour me semblait être le ferment d'une vivance capable d'amplifier la vie – mais peut-être ce mot avait-il été déjà découvert avant. Quoi qu'il en soit, je l'ai souvent utilisé car je trouvais qu'il convenait bien à l'expression de plusieurs de mes thèmes autour des vibrations que sécrète (ou non) la vie à l'intérieur de nous. Que ce soit à l'occasion de certains événements, de moments privilégiés ou d'émotions fortes.

La vivance est une qualité d'être qui nous habite et dynamise le potentiel de vie qui est en chacun. Elle relève d'une dimension vibratoire capable de créer une alchimie particulièrement effervescente entre nos pensées, les ressources de notre créativité, les élans de notre imaginaire et les possibles avec la réalité qui nous entoure.

La vivance nous permet d'être plus présents au présent et aussi – c'est une de ses qualités – de gagner sur le malheur, de combattre le mal de vivre ou de nos laisser-aller, dans l'errance infinie de la victimisation. Elle confirme et nourrit notre confiance non seulement en nous-mêmes mais aussi dans les autres et même en l'avenir.

Surtout l'avenir, que je ressens depuis quelque temps non fiable, si incertain qu'il n'est pas sûr qu'il puisse accueillir la vie de mes petits-enfants. Un avenir violenté par ce que nous faisons, imposons aujourd'hui à la planète et à nos semblables. Violences visibles et moins visibles liées à des tromperies, nourries par les mensonges de certains hommes politiques, répandues au travers de malversations à l'échelle planétaire de certains individus protégés par leur anonymat. Violences impitoyables déclenchées par le surgissement de crises financières et économiques, programmées par l'aveuglement (ou l'habileté) de ceux qui peuvent jouer impunément avec l'argent, les économies du plus grand nombre.

Je crois qu'en période de crise, il faut prendre garde d'éviter un repliement sur soi, un enfermement dans la bulle de ses intérêts personnels, une fixation autour d'une vision paranoïaque concernant nos gouvernants et aussi nos semblables, même si chaque jour apporte la preuve de leur nocivité dans beaucoup de domaines. Je crois qu'il faudra éviter de rester dans des comportements d'autoprotection liés à la survie, en oubliant la solidarité, l'engagement dans des actions de lutte et de confrontation. Je crois qu'il nous appartient de rester des témoins de la Vie.

C'est peut-être cela le sens de notre passage sur terre, le maintien, l'épanouissement de la Vie sous toutes ses formes, malgré les nombreuses prédations à son égard. Au-delà d'un travail sur soi, pour maintenir au plus haut notre potentiel de vie, il nous faudra militer, nous associer, nous concerter pour faire contrepoids au développement de la souffrance, à l'accroissement de l'injustice, à l'expansion de la misère, de la faim et de la non-éducation de millions d'enfants.

Au final, s'appuyer sur sa propre vivance pour s'engager auprès des plus démunis.

## Donner encore
## et encore plus de vie à la Vie

Notre existence (combien de fois ne l'ai-je répété depuis quelques années !) n'est qu'une succession de naissances. Naissances faites de rencontres et de séparations. Tout se passe comme si nous passions l'essentiel de notre vie à créer de la Vie en nous et autour de nous, et ainsi à nous mettre au monde au travers de rencontres magiques, stimulantes et bienveillantes, ou au contraire à nous épuiser dans des contacts et des échanges stériles et éprouvants.

Nous affrontons aussi, tout au long de notre parcours, des séparations nécessaires, imposées ou choisies, qui vont créer des désarrois, susciter des souffrances ou réveiller de vieilles blessures. Nous subissons des pertes qui nous ébranlent, surtout quand il s'agit d'êtres proches ou chers. Nous sommes confrontés à des ruptures qui vont nous déstabiliser et nous obliger le plus souvent à réinventer une autre façon de vivre notre quotidien, nous pousser à nous engager différemment, à renoncer à des relations qui jusqu'alors nous paraissaient indispensables ou vitales.

Nous sommes en permanence entre errance et besoin de nous fixer, entre interrogation et certitude, entre doute et accueil de l'imprévisible, entre passivité et créativité, entre lassitude et dépassement de soi.

Avec l'âge nous constatons souvent que nous n'avons pas toujours été fidèles à notre propre Vie. Je veux dire par là que nous pressentons, plus ou moins confusément, que nous aurions pu la respecter avec plus d'attentions, lui accorder plus de soins, lui offrir plus de bienveillance et peut-être plus d'amour ! Aussi n'est-il jamais trop tard pour, comme disait ma grand-mère, non pas ajouter des années à la vie, mais donner plus de vie aux années qui nous restent à vivre. Et cela est possible à l'aide de quelques repères simples :

* Découvrir qu'il est possible de s'aimer, d'un amour de bienveillance, de tolérance et de respect non seulement envers son corps mais aussi dans nos pensées, en renonçant à entretenir ressentiments, ruminations ou rancœurs, en ne nourrissant pas dans notre imaginaire une ITPI (illusion de la toute-puissance infantile) qui nous laisse croire que le monde et les autres seraient au service de nos désirs, un fantasme dévastateur et frustrant.
* Accepter de se responsabiliser vis-à-vis de tout ce qui nous arrive. Car ce n'est pas tant sur les épreuves ou les difficultés que nous traversons qu'il convient de se focaliser ou de se désespérer, mais sur ce que nous en allons faire.
* Veiller à rester fidèle à soi-même, à ses choix de vie, à ses valeurs, à ses engagements ou à ses croyances, s'ils correspondent toujours à la femme ou à l'homme que nous sommes.
* Avoir le courage de ne pas garder en soi l'un ou l'autre des messages négatifs ou toxiques que nous recevons parfois de notre environnement, mettre en pratique la restitution symbolique des messages qui ne sont pas bons pour nous (j'y reviendrai plus loin).

Je crois qu'au travers de ces démarches se confirme qu'une de nos missions sur terre – et peut-être l'ultime but de toute existence – serait de laisser, après notre passage, plus de vie à la Vie.

## L'odeur de la terre

Quand j'étais enfant la terre avait une odeur. Non seulement celle du jardin de mes parents mais aussi l'odeur forte de l'allée de platanes qui me conduisait jusqu'à l'école. Voûte sécurisante, immense comme un chevet de cathédrale, qui guidait mes pas jusqu'au coin de la rue fatidique où se trouvait l'école. Même dans la cour de récréation, il y avait un espace non cimenté où la terre changeait de couleur avec les saisons et diffusait tout au long de l'année des parfums divers, y compris ceux de l'urine de quelques lascars qui avaient la flemme d'aller jusqu'aux urinoirs du préau ! Mais mon plus grand plaisir au retour de l'école était d'aller sur les berges de la Garonne, de me coucher à plat ventre au bord de l'eau, le visage enfoui, de sentir la terre, de m'imprégner de son odeur humide, des vibrations qui la traversaient, du silence tumultueux qui semblait l'habiter. Il m'apparaît que j'avais une relation directe avec elle, d'abord parce qu'elle était toute proche de mes mains, de mes yeux, de tous mes sens.

Aujourd'hui c'est comme si la terre s'était éloignée de nous, les humains, et de moi en particulier ; elle me paraît plus rare, moins visible. Hors de chez moi, de mon coin de terre, il m'arrive d'en rechercher les traces du regard, mais je ne prends pas le temps de m'arrêter, de me pencher, d'en saisir une poignée, ce qui me fait parfois douter de sa présence.

Bien sûr, quand je suis sur un chemin, sur une route de campagne, je préfère marcher sur le bas-côté, sentir le sol sous mes pieds. Il me semble que je recherche son contact, son énergie, sa vitalité. Je ne peux me passer d'elle très longtemps.

Dans mon jardin, souvent je saisis une pleine poignée de terre et la tiens serrée dans ma main, la laissant s'écouler entre mes doigts comme si je semais un peu de son âme autour de moi.

J'imagine parfois avec un serrement au cœur qu'aujourd'hui même, certains adultes vivant dans d'immenses métropoles comme Paris, New York ou Londres n'ont pas marché depuis des années sur de la terre. Que leurs pieds n'ont foulé que du goudron, du macadam ou du ciment, qu'ils peuvent mourir et disparaître sans s'être reliés à cette matière essentielle : la terre qui les porte.

La planète Terre est le berceau de notre humanité, cela semble simple à énoncer, mais c'est aussi notre milieu de vie, que nous maltraitons depuis quelques décennies avec de plus en plus de violence. Peut-être est-il possible, quel que soit notre âge, de nous réconcilier avec elle, de lui accorder un peu plus d'attention, d'amour et de soins ?

## Le respir de la vie

Il me semble que nous ne sommes pas, aujourd'hui, assez attentifs au respir de la Vie en nous. Tout d'abord parce que le plus souvent nous ignorons son existence ou que nous avons oublié que chacun d'entre nous est dépositaire et donc responsable d'une parcelle, d'un bout, d'une miette de Vie. En fait, d'un germe de Vie qui nous a été donné au moment de notre conception et qui va grandir, se développer en chacun durant trois quarts de siècle, voire un siècle entier (et bientôt plus) ! À moins d'un accident ou d'une maladie qui nous séparera d'elle pour la relancer dans l'immensitude du cosmos.

Ce n'est que tardivement dans mon existence que j'ai pris conscience qu'il y a une Vie en moi. Une Vie vivante, ardente, silencieuse ou tonitruante, impatiente ou apaisée, qui mérite de l'attention, de l'amour, des soins, mais surtout une écoute attentive.

J'ai fait cette découverte, il y a plus de trente ans de cela, avec mes enfants. Nous étions chez mes parents, assis sur les marches d'escalier de leur jardin, quand j'ai clairement vu au-dedans et autour de leur corps une sorte de souffle vaporeux (ah, les mots ne sont pas faciles à trouver pour nommer ou décrire l'indicible !). Comme une lumière différente, voilée, plus compacte. Et j'ai compris soudain que cela représentait, montrait la Vie que nous leur avions donnée, leur mère et moi. J'ai pris conscience, ce jour-là, que nous nous étions beaucoup occupés de leur personne, que nous avions dépensé beaucoup d'énergie, offert beaucoup de soins, que nous avions répondu avec une certaine efficacité à leurs besoins de survie et de façon plus discutable et aléatoire à leurs besoins éducatifs (en les confiant, quand nos compétences furent dépassées, à des enseignants, en les immergeant très tôt dans un cursus scolaire prolongé !), en les inscrivant à des clubs, en les poussant vers des activités sportives ou culturelles. Nous avions répondu à beaucoup de leurs désirs (pas tous, heureusement !), mais nous n'avions pratiquement rien fait pour leurs besoins relationnels, c'est-à-dire justement pour tout ce dont la Vie en eux avait le plus besoin ! Ce que la Vie au plus profond d'eux-mêmes réclamait avec le plus de force : la possibilité de mettre des mots sur un vécu, sur un ressenti, sur un sentiment, sur des croyances ou des rêves. Et surtout de se sentir entendu dans chacun de ces registres. Le besoin d'être reconnu et valorisé, le besoin d'intimité et de créer, le besoin de rêver.

Quand les besoins relationnels ne sont pas respectés ou comblés, le respir de la Vie faiblit, se rétrécit, devient plus ténu et fragile. Mon invitation est simple : restez à l'écoute du respir de votre Vie, soyez plus vigilant à ses attentes. Car personne d'autre au monde ne vivra pour vous votre Vie.

## Les couleurs de la vie

Il arrive à certains de rêver en couleurs et de se trouver confronter à leur réveil à la grisaille des jours. D'autres au contraire, aux petits matins de leur quotidien, savent capter le moindre rayon de lumière pour transformer leurs regards et illuminer sans la moindre hésitation les rencontres à venir. Il y a aussi ceux qui colorent chaque instant avec les couleurs de leurs rêves et qui savent que c'est bien au travers de leur sensibilité que la vie scintille, s'éclaire ou s'obscurcit.

Oui, c'est aussi avec nos yeux que nous colorons notre existence et lui donnons les couleurs de nos états d'âme, de nos désirs, de nos peines et de nos joies.

Pendant longtemps j'ai aimé le rouge. Cette couleur s'imposait, me portait. Elle occupait tout l'horizon et me donnait une énergie extraordinaire pour avancer avec quelque certitude, moi qui avais si peu confiance en mes ressources et mes possibles, qui m'avançais à pas prudents vers les risques de la vie.

Et puis, quand l'amour illumina ma vie, le bleu a envahi mon être. Elle était blonde, c'était l'été, le ciel me paraissait immense. L'espace autour d'elle s'accordait à sa fragilité, et le scintillement des vagues – car nous étions en voilier – donnait à ses yeux une profondeur étonnante.

Le noir est arrivé sans prévenir, le noir poisseux de la trahison, de l'abandon, de la solitude et d'un désespoir qui paraissait sans fin. Le noir de la colère enveloppé par les brumes grises du ressentiment : j'en voulais au monde entier de ne pas me comprendre, de ne pas m'aimer, de ne pas se plier à tous mes désirs. Quelle injustice !

C'est la couleur ocre et l'orange de la créativité qui m'ont sauvé, quand j'ai commencé à sculpter, à modeler la terre, à me confronter à l'exigence d'un matériau pour lui donner une forme, pour en faire une offrande.

Le vert m'a entraîné très loin, c'est avec lui que j'ai découvert la générosité d'un acte gratuit, l'impact d'un arbuste sur l'environnement, la trace durable que nous pouvons laisser en plantant des arbres. Qu'ils soient bruns ou rouges, fleuris ou dépouillés de leurs feuilles, je vois toujours les arbres en vert. J'aime en particulier le vert tendre des pousses du printemps, qui émergent de la nuit dans un halo de brume nacrée. J'aime le bruissement des feuillages, sans cesse renouvelé sous les vagues d'un vent qui parcourt inlassablement les collines qui m'entourent.

Le blanc est entré brutalement dans mon existence, avec la mort de ma mère. Le blanc et le froid ont surgi avec sa disparition, avec la perte aussi du sentiment d'immortalité qui m'habitait jusque-là. Un blanc cotonneux qui voulait envahir jusqu'au souvenir de son parfum et la couleur de ses yeux, et peut-être aussi fondre les couleurs du futur dans l'opacité d'un nuage informe.

Et puis quand même je ne dois pas oublier les couleurs de l'étonnement, celles de l'émerveillement, de ces couleurs subtiles qui cascadent, qui se démultiplient, qui pétillent dans les moments les plus inattendus.

Je reste ainsi attentif aux couleurs de l'avenir proche et plus lointain, à celles de l'espérance qui ne se décourage jamais en moi, malgré quelques trahisons, déceptions et amertumes.

C'est ainsi que je m'enveloppe chaque jour, quelques instants, dans les couleurs du silence pour aller à la rencontre d'images douces portées par un imaginaire qui reste vigilant aux surgissements de l'imprévisible.

## Prendre le bois

Lors de mon dernier séjour au Québec, j'ai entendu pour la première fois l'expression « prendre le bois ». C'est une femme québécoise qui, chaque année, avec trois ou quatre amies, se retire dans un chalet ou sous une tente en forêt, loin de la « civilisation » comme elle dit, pour vivre autrement. Quelques jours longs et entiers à ne rien faire, à seulement être. Sentant mon intérêt, elle m'a expliqué sa démarche : « C'est une réponse à un besoin impérieux, c'est devenu pour moi une tradition, bref c'est une fête, quelque chose de l'ordre du sacré, loin de l'agitation des villes, une cure de solitude habitée par l'amitié, une cure de silence et de respect, un temps hors du temps, des moments de partage et d'échange avec des regards, des sourires, des gestes de tendresse, des rires fous qui surgissent soudain et nous emportent. Il peut y avoir aussi la demande soudaine de l'une d'entre nous de pouvoir se dire, d'exprimer quelque chose d'important, d'essentiel, de partager une découverte. Nous avons créé là un temps et un espace pour savourer les journées entre lever et coucher du soleil. Nous avons pris soin d'enlever nos montres avant le départ ! Sans activités programmées, sans obligations autres que celle de nous sentir bien, à nous faire du bien. »

Ainsi ces femmes prennent la décision de quitter leur

monde habituel, hyper-organisé, cloisonné, pour se plonger dans un milieu plus naturel, moins factice, plus proche de leurs aspirations profondes. Elles sont surchargées d'engagements, noyées par des tâches, pressurées par leurs rôles de mère, d'épouse, d'amante, de militante, de professionnelle, et entrent dans un univers à part, pour prendre du temps « que pour nous », précisent-elles. Un temps pour regarder un arbre ou la forêt, pour écouter le bruit du torrent proche, pour entendre des oiseaux, pour admirer le ciel profond, si grand, si beau, pour accepter de manger « seulement quand on a faim », être là pour elles-mêmes, simplement là.

En fait, en se préparant à ce séjour, chacune a inscrit en elle une intention, un projet sensible, un travail intérieur de réflexion, d'exploration, une remise en cause ou une ouverture.

En les écoutant, j'ai été renvoyé à ma propre pratique qui est d'entrer, deux ou trois par an, dans des périodes de silence. De m'immerger dans un temps et un espace où je me coupe de tout. Où je peux disparaître sans téléphone, sans adresse où me joindre, sans autre contact que mon besoin d'être seul.

Nous sommes, j'imagine, un certain nombre à pratiquer, chacun avec ses moyens, ses possibles, cette sorte de retraite, de repli hors du quotidien, de la vie de tous les jours, pour se recentrer, se retrouver, se désintoxiquer ou s'alléger du poids des sollicitations, des pressions ou des obligations qui jalonnent notre vie. Il existe en France ou de par le monde de nombreux lieux de retraite mais aussi de moins en moins d'endroits retirés, éloignés des grandes métropoles, naturellement protégés, pas trop pollués, susceptibles de nous accueillir pour nous permettre de vivre une rencontre au plus près de nous-mêmes.

Je sais aussi qu'il existe pour certains trop de pression ou de contraintes qui ne leur permettent pas de s'évader, de « prendre le bois » comme ces Québécoises. Que la réalité de beaucoup d'hommes et de femmes est trop angoissante, trop fragile, emprisonnée dans trop d'urgences et de problèmes de survie pour qu'ils puissent se préoccuper ou avoir le temps d'accéder à ce plus de bien-être, de prendre soin de l'intime de soi. Peut-être trouveront-ils quand même, dans un coin de leurs pensées ou de leurs rêves, un espace protégé pour « prendre le bois » mentalement. À leur façon, avec leurs moyens, avec leurs limites, avec leur courage et leurs espérances.

# Les urgences de la Vie

La Vie, celle qui est en nous et autour de nous, est porteuse d'une demande urgente, une demande silencieuse mais qui se crie en permanence : elle veut être protégée, respectée et même honorée, à défaut d'être magnifiée, ce qu'elle mériterait sans l'ombre d'un doute !

Nous avons toujours vécu dangereusement sur cette planète qui est la nôtre, la seule pour l'instant qui ait su accueillir les humains ! « Dangereusement » paraît un mot faible, quand nous imaginons nos fragilités face aux balbutiements et aux errances qui ont accompagné l'origine de l'humanité. Nous sommes, les uns et les autres, les descendants d'une longue lignée de survivants qui ont dû faire face à une multitude de catastrophes climatiques, géologiques, de conflits armés, de pogroms, de génocides, d'exploitations diverses, et en particulier de violences subtiles ou brutales liées aux conditions dans lesquelles nous devons, encore aujourd'hui pour la plupart d'entre nous, travailler pour « gagner notre vie ». De l'esclavage au servage, des journées de quatorze heures à la semaine de quarante puis de trente-cinq heures, nous sommes encore confrontés, une grande partie de notre existence, à un conflit interne qu'il serait possible de résumer ainsi : comment « vendre ma vie » non seulement pour survivre mais pour la vivre à pleine vie, pour continuer à la protéger, à la respecter, à l'agrandir vers tous ses possibles ?

La vie au quotidien a été semblable pendant longtemps à un parcours hérissé d'obstacles et de dangers, à une succession de risques (maladies, accidents, guerres, insécurité politique, tremblements de terre, inondations, incendies). Aujourd'hui c'est sur le monde du travail que sont focalisées beaucoup de violences : horaires abusifs, défaillances dans les installations, sécurité insuffisante, insécurité de l'emploi, harcèlement moral, pressions diverses allant du stress à l'épuisement psychique.

Quand nous sommes dans la survie, il devient paradoxalement difficile de respecter la vie qui est en nous. On va au plus pressé, se lever (sans même se rencontrer), se nourrir (trop vite et trop mal), tenter de fuir les problèmes (qui nous rattrapent toujours), rester debout (péniblement, avec des douleurs dans le dos ou le ventre), faire face (même courbé et fatigué), garder la tête hors de l'eau (pour ne pas se noyer). Mais pour ne pas se laisser enfermer, dévorer par toutes ces urgences, il est encore possible de se recentrer, de pouvoir s'appuyer sur quelques ancrages solides : oser s'aimer, se respecter, se responsabiliser et rester fidèle à soi-même.

Énoncé comme tel, cela semble un peu simpliste, mais nous pouvons quand même inscrire ces repères comme autant de petits cailloux blancs sur les chemins de notre vie.

## Notre vie est traversée en permanence par des crises

Toute notre existence est jalonnée de crises, car nous sommes des êtres non seulement en évolution permanente mais aussi tiraillés entre tant de désirs, de besoins et d'aspirations contradictoires.

Il ne faut pas confondre l'élément déclencheur de la crise (incompréhension, séparation, perte, événement traumatisant, maladie...) et son impact, c'est-à-dire ce qui est touché, réveillé, blessé ou au contraire stimulé au profond de nous. Car ce n'est pas ce qui nous arrive qui est important, mais ce que nous allons en faire.

On pourrait donc dire que toute crise est porteuse de changement et donc de croissance. En fait nous passons l'essentiel de notre existence à nous mettre au monde au travers d'une succession de rencontres et de séparations. Rencontres magiques ou agressantes et séparations nécessaires, imposées ou choisies, qui vont constituer autant de situations de crise que nous aurons à traverser pour continuer à nous construire.

Il faut savoir que toute crise, aussi brutale soit-elle dans son irruption, dans l'imprévisible de sa venue, reste éphémère. La violence de leur impact quand elles surgissent peut nous surprendre et nous déstabiliser, nous angoisser aussi, mais elles peuvent aussi réveiller des ressources nouvelles, inattendues, véritables tremplins pour aller au-delà de notre présent.

C'est vrai qu'une crise nous vulnérabilise (ce qui ne veut pas dire que nous sommes fragiles, seulement plus sensibles, plus inquiets, plus défensifs ou réservés). C'est en période de crise qu'il est urgent de se rappeler que derrière toute peur, il y a un désir, et qu'il est plus important de pouvoir s'appuyer sur un désir qui va nous dynamiser que de rester incertain ou paralysé derrière une peur qui inhibe.

Toute période de crise nous « bouffe » de l'énergie, empiète sur notre disponibilité et fragilise nos relations proches. Nos propres parents, enfants, conjoints peuvent être vécus, dans ces moments-là, comme trop interventionnistes, trop envahissants, trop pesants, « ne comprenant pas, ne pouvant pas comprendre »… Aussi est-il nécessaire de mettre des mots, même si nous ne savons pas toujours ce qui a été réveillé en nous, même si nous ne percevons pas immédiatement ce qui est en jeu, il est important de pouvoir partager nos ressentis, nos associations d'idées, nos perceptions. En prenant soin, quand même, de ne pas envahir ceux à qui nous nous confions avec nos angoisses.

Si la crise a réveillé des blessures archaïques de notre enfance, il est toujours possible de se faire accompagner : il y a aujourd'hui des thérapies brèves, des accompagnements de type coaching, qui sont de bons appoints pour traverser un passage difficile, pour nous aider à aller au-delà de ce qui a été déstabilisé, remis en cause chez nous.

Il y a des crises à tout âge. Celles de la quarantaine, comme celles de la cinquantaine ou de la soixantaine, vont porter sur l'un ou l'autre aspect précis ou particulier de notre vie, qui soudain prend une importance vitale. Le départ des enfants dans un couple (si nous avons oublié que l'amour parental est celui qui est donné pour permettre à un enfant de nous quitter !). Le constat d'un échec professionnel (et la difficulté de se reconvertir). La remise en cause de notre relation de couple (si nous avons oublié de réactualiser nos attentes, de dynamiser nos apports, de clarifier nos zones d'intolérance). Des interrogations nouvelles sur notre image corporelle, sociale, intime, sur notre façon de manger, d'être hors de la vie car trop coincés par notre travail, par exemple.

Un des effets les plus positifs d'une crise est de nous inviter à une remise en cause de notre façon d'être au monde. De nous interroger sur la qualité des relations avec nos proches. De nous interpeller sur la façon dont nous restons trop souvent prisonniers de notre passé, enfermés dans des choix de vie qui ne correspondent plus à l'homme ou à la femme que nous sommes. De nous inviter à un travail sur soi, travail de conscientisation, de réajustement, de choix de vie.

C'est aussi dans ces périodes que nous pouvons devenir plus conscients de nos autosaboteurs, c'est-à-dire des conduites ou des comportements que nous produisons et qui vont déclencher l'inverse de ce que nous souhaitons. Des attitudes répétitives qui vont provoquer ce que justement nous redoutons. En nous libérant de quelques-uns de ces autosaboteurs, c'est souvent à une véritable renaissance que nous accédons, une réconciliation avec nous-mêmes, avec nos parents, nos conjoints, nos enfants. Bouffées d'oxygène qui vont revivifier notre vie.

## Que c'est beau, la vie !

Le chanteur Jean Ferrat, aujourd'hui décédé, nous le rappelait dans une mélodie magique, dans laquelle il ciselait avec amour son émerveillement pour la vie. Quand il nous proposait l'enchantement d'une poésie simple et limpide pour nous faire redécouvrir combien la vie est belle sous des formes subtiles, multiples et inattendues, il nous invitait à nous rappeler combien la vie mérite d'être vécue à plein temps, sans réserve, ni accusation d'aucune sorte.

J'ai mis longtemps pour découvrir que le bien le plus précieux que m'avaient donné mes parents, c'était cette parcelle de vie qui allait m'accompagner tout au long de mon existence.

Quand j'entends dire autour de moi : « La vie est difficile » ou encore : « La vie est injuste », je crois qu'on se trompe de cible. Ce n'est pas la vie qui est difficile ou injuste, c'est nous qui, le plus souvent, la maltraitons, n'en reconnaissons pas les ressources, n'apprécions pas le miracle permanent qu'est sa présence tout d'abord en nous et autour de nous.

La vie est belle par essence, par le fait même qu'elle nous habite, déposée dès l'instant de notre conception dans la première cellule, puis agrandie et amplifiée, même si parfois nous ne lui accordons pas toute l'importance qu'elle mérite, même si nous la maltraitons en ne prenant pas la peine de la protéger ou de l'honorer.

Il m'a fallu traverser plusieurs vies pour apprendre à aimer ma vie. Je veux dire par là que je n'ai pas été dans les premiers temps de mon existence un bon compagnon pour elle. J'ai dû apprendre à changer mon regard, à modifier mon écoute, à donner plus de liberté à chacun de mes sens, à respecter son rythme, à accueillir sa présence, qui se manifeste parfois de façon très intense et d'autres fois plus douloureuse ou inquiétante.

J'ai dû apprendre à respecter la vie qui m'habite et celle qui m'entoure dans ses manifestations les plus subtiles et surtout les plus imprévisibles. Entendre simplement ma respiration, les yeux encore clos au petit matin, sentir la chaleur de la présence toute proche de celle qui partage ma vie. Prendre en compte le souffle du vent le soir venu, être ému aux frémissements d'une feuille d'érable illuminant soudain tout un arbre. Être plus attentif à l'odeur d'un jasmin et recevoir le rire d'un enfant. Être touché par les pleurs d'une femme quittée par son amant. Et accepter cette affirmation de soi dans le geste farouche d'un adolescent rejetant sa tête pour ne pas être plaint d'avoir échoué à un examen.

J'ai vu la vie blessée mais toujours vivante dans le regard éperdu d'une mère accompagnant son fils décédé à la suite d'un accident de moto. Dans la chaleur d'une main se lovant dans la mienne ou encore dans les déclarations intempestives de mes enfants pour me persuader que leurs désirs méritaient d'être comblés, alors que je tentais de leur dire que j'étais là pour répondre à leurs besoins et non à toutes leurs envies !

La vie est chaleureuse même quand elle semble se détourner de nous ou s'enfermer dans le silence du ressentiment. La vie reste vivante jusqu'au bout. Jusqu'au bout de notre vie.

## Métamorphoses vitales

Une présence qui se révèle par un regard
Un regard qui se transforme en sourire
Un sourire qui devient une invite
Une invite qui s'agrandit en rencontre
Une rencontre qui devient une porte ouverte pour une relation
Une relation qui nous confronte au meilleur de nous
Le meilleur de nous qui réveille le meilleur de l'autre
Le meilleur de l'autre qui se partage
Un partage qui s'amplifie jusqu'aux rires du cœur
Un cœur qui s'ouvre et qui ose dire parfois son amour
Un amour qui s'émerveille et qui s'offre
Une offrande qui rejoint un désir
Un désir qui en cherche un autre dans une liberté d'être
Une liberté d'être qui nous confirme que nous sommes
Un levain porteur d'un ferment de vie unique et transmissible.

# *Enfances*

## Un enfant

On ne le dira jamais assez
Chaque enfant est une source pour notre avenir
Chaque enfant est une graine pour demain
Chaque enfant est un germe pour notre devenir
Chaque enfant est porteur d'un espoir en un monde meilleur
Chaque enfant nous renvoie aux origines les plus anciennes,
aux racines les plus fiables de notre humanité,
même quand nous avons tendance à l'oublier
C'est pour cela qu'il nous appartient d'honorer la vie
en chacun d'eux
Qu'il est de notre responsabilité permanente, en tant qu'adultes,
de veiller sur les plus démunis,
de protéger ceux qui sont en survie,
ceux qui sont menacés par la faim,
blessés par la maladie, violentés par la guerre,
asservis aux injustices du temps
Qu'il est urgent de nous mobiliser
pour leur assurer une éducation ouverte et concrète
sur la complexité et les richesses du monde
De ne pas les laisser s'enfuir
dans des univers virtuels ou vers des jeux
dont la fiction les coupe du réel
De les initier non seulement à la réalité

mais aussi aux rêves et à la beauté
d'une existence porteuse de paix
On ne le répétera jamais assez
Les enfants sont notre part d'éternité,
capables de traverser les risques et les errances
de nos aveuglements
et de déposer au cœur du monde à venir
les possibles d'une humanité sensible, respectueuse
des aspirations de chaque être humain.

## Un enfant vient au monde !

Dans l'anticipation de la venue au monde d'un enfant, nous naviguons entre inquiétude et émerveillement. Puis, dans les premiers instants de la rencontre, c'est le plus souvent un éblouissement renouvelé, parsemé de découvertes inouïes, étonnantes, magiques, ce sont des joies pleines, des émotions profondes, des rêves qui commencent à s'agrandir vers un avenir ensoleillé. Ensuite, avec l'installation d'une réalité au quotidien, surgissent non pas des désenchantements, mais le début d'une oppression subtile, voilée, niée bien sûr, mais qui va tisser ses ramifications dans tous les domaines de la vie de deux adultes et surtout d'un (dans nos sociétés), la femme ! Ainsi, avec la prise en charge d'un enfant, tous les rôles que nous avions jusqu'à ce jour, rôle de femme, d'épouse, de copine, de professionnelle, ont tendance à se rétrécir, à se diluer et à être phagocytés dans un rôle majeur, qui envahit tout l'espace : celui de parent.

On ne perçoit pas, dans un premier temps, que la plupart de nos centres d'intérêt sont repoussés à plus tard, dans un temps soigneusement indéfini. Que nos passions se délitent, que nos multiples casquettes s'uniformisent, jusqu'à se fondre autour d'une seule position relationnelle : faire face, de façon inconditionnelle, à tous les besoins et désirs d'un enfant qui en possède beaucoup.

Donner la vie à un enfant, devenir maman et plus tard mère, papa et parfois père, c'est s'avancer dans un univers à la fois chaotique et unidirectionnel. L'équivalent d'un séisme de magnitude 8 mais qui ne se déroule pas ailleurs, au loin dans le monde, mais juste là, tout près de nous, dans notre chambre à coucher, dans la salle de bain, dans la cuisine, dans notre voiture même !

Nous allons progressivement découvrir, avec effarement, que l'on n'a plus aucun pouvoir sur le temps et en particulier sur son temps à soi. Qu'une grande partie de notre vie dite « personnelle » a soudain été engloutie par les exigences d'un bébé de quelques semaines, par les cris et les rires d'un petit bouchon de quelques mois, par les impatiences d'un terroriste impitoyable de quelques années, qui a mis tout le monde, y compris ses grands-parents, au service de ses attentes et surtout de ses exigences.

Nous ne savions pas du tout qu'un tout jeune enfant est doué d'une ITPI monstrueuse ! Illusion de la toute-puissance infantile qui lui donne la certitude que non seulement l'entourage proche mais le monde entier est au service de ses besoins et désirs, réels ou fantasmés ! Et nous, les parents, sommes en première ligne pour y répondre. Non seulement l'enfant mais les amis, la parentèle proche, toute la société attendent cela de nous !

Bien sûr, il y a des tentatives de répartition des rôles et des tâches : « C'est moi qui prendrai en charge biberons et toilette, si toi tu te charges des promenades et aussi de jouer un peu avec lui ; moi je veux bien faire les repas, mais j'aimerais que tu le fasses manger, et puis une nuit sur deux, je voudrais que tu te lèves s'il pleure, pour changer les couches, il faudra que je te montre, mais je voudrais que tu n'attendes pas que je te le demande… » Arrangements divers et répartitions pseudo-égalitaires qui ne survivent pas toujours à quelques essais.

Alors, on va faire appel aux grands-parents, à des nounous qui ne savent jamais faire aussi bien qu'on ferait soi-même. Culpabilité, irritation, conduites plus réactionnelles que relationnelles s'ensuivent... On va essayer de comprimer le temps, de tout faire rentrer dans l'espace très rétréci d'une journée, d'un week-end, avec le sentiment confus mais douloureux de passer à côté de quelque chose d'essentiel, soit chez l'enfant, soit chez soi-même ! Et puis il y a l'amour qu'ils ont éveillé en nous, que nous leur offrons sans réserve, pensant que cela va arranger, désamorcer, réparer quelques difficultés... ce qui n'est pas toujours le cas !

Entre-temps, grâce à eux, nous avons beaucoup grandi et cela nous permet quand même de dépasser quelques impuissances. D'autres que nous vont bientôt prendre le relais, des enseignants, des voisins, des amis, un peu la société... Mais cela ne s'améliore pas toujours. Nous ne sommes que des parents !

## Un enfant reste longtemps un enfant en nous !

Non seulement nous venons du pays de notre enfance, mais nous restons habités par ce pays tout au long de notre vie. Nous portons en nous, à chaque instant, l'enfant que nous avons été. Cela ne nous infantilise pas pour autant mais nous vulnérabilise parfois et peut aussi, en même temps, nous protéger contre quelques-uns des excès et des outrances de l'âge adulte. Accepter l'enfant qui est en nous laisse au profond de notre être une part d'innocence, une parcelle de pureté qui, même trahie ou blessée, peut constituer un îlot de confiance, un ancrage d'espérance, un pôle de référence dans les pires moments de notre vie.

Ce que nous voyons se dérouler sur notre planète aujourd'hui constitue un paradoxe troublant. Dans l'histoire de l'humanité, il n'a jamais été autant fait qu'en ce début du XXI^e siècle pour les enfants, pour leur sécurité, pour leur bien-être, pour leur santé ou leur éducation, pour le respect de leurs droits et pour la préparation de leur avenir. Il n'a jamais été autant fait pour leur permettre de trouver une place et de grandir dans un monde en mutation permanente, auquel ils auront constamment à s'adapter tout au long de leur vie d'adulte. Mais en même temps, il n'y a jamais eu autant de violences, d'injustices, d'abus à leur égard dans certains pays éloignés ou proches, voire de façon plus masquée, dans le nôtre. Je ne sais si la mort d'un enfant peut faire douter de l'existence de Dieu, comme le pensait Dostoïevski, mais ce que je sais, c'est que rien n'est plus injuste que la disparition d'une vie au seuil d'une existence. Rien n'est plus insupportable que la violence physique, psychologique ou relationnelle faite à un enfant, rien n'est plus inacceptable que la disparition précoce de son innocence ou sa mutilation familiale ou sociale.

De tout temps les enfants ont fait l'objet d'exploitation, d'endoctrinement et de répression, ils ont été dans toutes les civilisations au cœur même des famines, des agressions corporelles dues aux guerres et aux déracinements suite à des révolutions, à des changements politiques ou religieux. Ils ont payé un lourd tribut face aux grands fléaux sociaux ou été confrontés sans défense aux catastrophes naturelles, que ce soit au travers des ravages provoqués par des épidémies ou par des carences endémiques, le manque de soins vitaux.

Aujourd'hui, même si on reconnaît des droits à l'enfance, même si de plus en plus d'enfants sont pris en charge, assistés, comptabilisés dans des plans de santé, scolarisés, ils sont encore trop souvent amalgamés aux adultes chaque fois que les hommes se font la guerre ou prétendent détenir une vérité qu'ils veulent imposer à tous les autres.

Peut-être faut-il rappeler qu'un enfant, c'est une part d'éternité déposée au présent pour tenter de construire un avenir que chacun espère meilleur, plus beau, plus juste, plus tolérant.

Peut-être faut-il espérer qu'une mutation fondamentale surgira dans notre relation à nous-mêmes et aux autres, pour nous inviter à être à l'écoute de leurs besoins plutôt que de leurs désirs, ce qui devrait les aider à mieux s'intégrer dans un monde dont ils devront à leur tour respecter la biodiversité et les équilibres vitaux.

Peut-être faut-il affirmer qu'un enfant contient non

seulement tous les possibles d'une existence mais aussi les germes d'une vie qu'à son tour il transmettra.

Peut-être faut-il croire, regardant nos enfants grandir, en l'éveil en eux de nouveaux sens, de nouvelles ressources, d'une nouvelle éthique plus universelle, pour nous inviter à continuer de croire en l'avenir.

## Être à l'écoute de nos enfants, c'est aussi être à l'écoute de nos enfances

Je crois que chacun d'entre nous peut oublier ou censurer, se souvenir ou revisiter chacune de ses enfances, en fonction de rencontres, d'événements, de différentes stimulations surgissant au cours de sa vie d'adulte. Chacun d'entre nous peut ainsi avoir l'occasion de se réconcilier avec l'une ou l'autre des situations inachevées de ses enfances. Car nous avons en effet plusieurs enfances, parfois vécues simultanément et d'autres fois mieux différenciées dans le temps.

Certains événements vécus dans l'une de nos enfances peuvent laisser des traces profondes, douloureuses, voire destructrices, d'autres au contraire vont s'inscrire en souvenirs heureux, bienfaisants, libérateurs ou porteurs de messages de vie, suffisamment fiables pour nous accompagner tout au long de notre vie.

Le fait de mettre au monde des enfants va non seulement nous transformer en parents, mais réveiller chez nous, aux différents âges de leur vie, des émotions, des souvenirs, ou encore réactiver des blessures enfouies ou cachées. Au fond, être à l'écoute d'un enfant, c'est être capable d'avoir une double écoute : une écoute centrée sur ce qu'il nous dit (dans l'ici et maintenant d'une situation ou d'un échange), pour tenter de favoriser l'expression de son ressenti, de son vécu, du retentissement qui s'est inscrit en lui. Mais cela suppose aussi d'avoir une écoute « seconde », plus tournée vers nous-mêmes, car nos enfants sont d'une grande habileté pour réveiller les situations inachevées de notre histoire, pour remettre au jour quelques-unes de nos blessures.

Je ne crois pas que nous devons craindre de voir se réactiver notre passé d'enfant, au contraire, car cela permet souvent de le recadrer, de le repositionner et d'en saisir d'autres sens, d'en avoir une autre compréhension que celle qui s'était inscrite ou enracinée en nous. Recadrages, compréhensions nouvelles, ajustements qui vont nous faire mieux comprendre les choix et les engagements de notre vie actuelle.

Certains enfants peuvent se parentifier, c'est-à-dire vouloir protéger ou prendre en charge la réparation des blessures d'enfance qu'ils perçoivent avec une grande acuité chez l'un ou l'autre de leurs parents. Comme s'ils voulaient les soulager (par exemple en prenant sur eux un peu de la tristesse d'une mère qui a perdu un enfant ou l'angoisse d'un père qui a été licencié, ils peuvent aussi s'identifier à un enfant mort…). Nous devons comprendre que l'intensité de leur ressenti, parfois excessif ou émouvant, va dépendre d'un moment de fragilité, de vulnérabilité plus ou moins grande où ils vont inscrire en eux ce que j'appelle des « fidélités ou loyautés invisibles ».

J'ai souvent entendu parler de l'« insouciance de la jeunesse », cette expression ne me paraît pas s'appliquer à tous les enfants et aux ex-enfants que nous avons été. Certaines journées, certaines périodes de notre jeunesse peuvent avoir été vécues effectivement dans l'insouciance, la joie, dans l'abondance des moments heureux, la générosité des échanges qui ont jalonné à un moment ou un autre notre vécu d'enfant. Et je peux imaginer que chacun d'entre nous en a connu, même si on a vécu, comme ce fut mon cas, une enfance difficile, chargée d'angoisse et d'interrogations. L'enfance est immense, elle peut paraître dense et courte pour les uns, ou durer plus longtemps chez d'autres, ou être vécue comme n'ayant pas de fin chez certains. L'enfance comme la jeunesse peuvent être ponctuées de moments merveilleux mais aussi d'épisodes noirs, difficiles ou douloureux.

Une de mes enfances fut hantée par une longue maladie. J'ai vécu son apparition comme un bouleversement brutal, violent et surtout injuste. Ce n'est que plus tard que j'ai pu en comprendre le sens. Parce qu'elle m'a fait quitter un milieu culturellement pauvre, un quartier potentiellement dangereux (j'aurais pu devenir délinquant !), cette maladie a changé entièrement le cours de ma vie et je peux en accueillir aujourd'hui les effets comme un cadeau. Car le fait de séjourner durant quatre ans en sanatorium, couché, plâtré des chevilles jusqu'au cou, partageant à plein temps la vie de trois camarades de chambre, malades comme moi, m'a ouvert sur la lecture et les études, a décuplé les ressources de mon imaginaire, m'a fait découvrir l'importance de la relation, la nécessité d'avoir des échanges en réciprocité, stimulants, vivifiants, et surtout de trouver une cohérence à mon existence dans le fait de découvrir, plus tard, que je pouvais transmettre à d'autres tout ou une partie de ce que j'avais pu apprendre sur les relations humaines.

C'est à la suite de cette maladie que j'ai voulu devenir quelqu'un de bien. Je peux imaginer que beaucoup portent en eux cette espérance, même si nous ne mettons pas toujours au monde cette potentialité. Mais je suis persuadé qu'il est toujours possible d'en témoigner à un moment ou un autre de notre vie.

Je ne suis pas certain qu'il faille souffrir pour devenir quelqu'un de bien. J'ose croire que nous pouvons accéder au meilleur de nos possibles sans être obligés de passer par de la violence, des chagrins, des désespoirs ou de la misère durant notre enfance ou après.

Beaucoup de parents souhaitent le mieux pour leurs enfants, ils désirent pour eux de belles réussites dans leurs études, qu'ils puissent s'épanouir dans leurs relations amoureuses et dans leur vie de couple plus tard. Il me semble cependant que le plus important, quand nous sommes parents, c'est de ne pas faire trop peser ni nos peurs ni nos désirs sur nos enfants, de leur laisser suffisamment d'espace affectif, mental ou relationnel pour leur permettre de croître, de se développer avec leurs propres ressources et d'accéder ainsi au meilleur d'eux-mêmes. Il ne s'agit pas de vouloir à tout prix rendre nos enfants heureux, car paradoxalement on dépose alors sur eux trop de nos angoisses, de nos peurs, de nos désirs ou de nos rêves avortés. Il ne s'agit pas non plus de vouloir « réparer » nos propres difficultés d'enfance ou échecs scolaires en voulant qu'ils réussissent « à tout prix » dans la vie.

Il s'agit plus simplement (et ce n'est pas facile) de les accompagner au plus près de leurs ressources et de leurs limites. La fonction d'accompagnement est une fonction parentale fondamentale, elle consiste à être présent, attentif, soutenant, valorisant et surtout stimulant pour nos enfants, à chacune des étapes importantes de leur vie. Il nous appartient, comme adultes, d'être des témoins, des référents en acceptant de mettre en pratique quelques « règles d'hygiène relationnelle », pour développer avec eux une ouverture aux autres, des échanges et des partages plus stimulants.

Ainsi je me bats depuis quarante ans pour qu'on enseigne la communication relationnelle à l'école. Qu'on puisse apprendre aux enfants, dès la maternelle, ces règles d'hygiène relationnelle qui seraient autant de balises pour constituer un socle commun, permettant à chacun de demander, de donner, de recevoir ou de refuser dans des échanges vécus en réciprocité, sans risque de soumission, d'aliénation ou de domination.

L'école d'aujourd'hui me semble être dans une impasse, qui va s'aggravant. Impasse qui se traduit par beaucoup de tensions et de violences directes ou indirectes dans l'univers scolaire. Il ne s'agit pas de viser la réussite de tous. Il s'agit non seulement de permettre à chaque enfant d'accéder à des savoirs et à des savoir-faire (ce qui était l'ambition de l'école de mon enfance), mais aussi de favoriser chez chacun du savoir-être, du savoir-devenir et du savoir-créer. Ces trois dernières démarches passant par un apprentissage de la communication relationnelle. Leur apprendre à oser se dire, se donner les moyens d'être entendus, de pouvoir échanger et partager en réciprocité, pour leur éviter d'avoir à mettre des maux (sur les autres et sur eux-mêmes) quand ils n'ont pas suffisamment de mots pour exprimer leurs ressentis, leurs sentiments, leurs points de vue ou leurs croyances.

Si on apprenait la communication à l'école comme une discipline à part entière, toute la vie de nos enfants serait transformée en ce sens qu'ils auraient la possibilité :

* de communiquer non dans l'affrontement mais dans la confrontation (poser son point de vue devant celui de l'autre et non sur celui de l'autre) ;
* d'exprimer des ressentis positifs (bien-être, joie, satisfaction, enthousiasme) et des ressentis négatifs (frustration, déception, tristesse, colère), ce qui éviterait les passages à l'acte sous forme de violences verbales (disqualifications, injures, jugements de valeur) ou de violences physiques (sur les biens et sur les personnes) ;
* de pouvoir accepter de recevoir des messages positifs (qui agrandiront la vivance, l'énergie, la confiance et l'estime de soi) et surtout d'oser restituer symboliquement à l'autre les messages ou comportements négatifs qu'ils peuvent avoir reçus ;
* d'agrandir ainsi leur réceptivité, leur disponibilité et leurs ressources, plutôt que de rester sur des positions défensives ou agressives ;
* de découvrir qu'ils ont des besoins relationnels qui doivent

être respectés : besoin de se dire et d'être entendus, besoin d'être reconnus et valorisés, besoin d'avoir leur intimité et de créer, besoin d'influencer son environnement et de rêver à un monde meilleur.

Je ne désespère pas qu'un jour chacun d'entre nous puisse apprendre à mieux se réconcilier avec ses enfances multiples, et mieux comprendre que nous sommes des êtres de relation, que nous avons besoin d'une communication respectueuse de nos besoins relationnels, pour construire un monde où la paix pourra agrandir les immenses possibles de la vie.

## La santé des enfants est bien liée aux plaisirs qu'ils engrangent dans leur quotidien

Je me suis souvent demandé, pour mes propres enfants, et pour ceux des autres, si leur santé était uniquement liée à une nourriture saine, une bonne hygiène physique ou encore à un environnement bienveillant et chaleureux. Il est certain que chacune de ces composantes joue un rôle dans leur santé, mais je crois de plus en plus que la qualité de celle-ci est liée aux plaisirs que les enfants peuvent prendre dans leur vie, des plaisirs qu'ils peuvent partager avec nous, les parents. Je crois pouvoir l'affirmer avec force, c'est-à-dire sans équivoque et cela pour plusieurs raisons.

Tout d'abord en rappelant que les jeux (et les plaisirs qui y sont rattachés) mobilisent tous les sens des enfants, contribuent à éveiller leurs perceptions, stimulent leur intelligence, et participent à la façon dont ils vont apprivoiser leur environnement, s'intégrer à lui, exercer une influence et tenter parfois de modifier la réalité qui les entoure. À travers les jeux et les activités physiques ou ludiques, y compris jouer à ne rien faire, les enfants vont découvrir le plaisir d'exister, de s'affirmer, de se confronter à l'entourage et d'en tirer du plaisir ou du déplaisir suivant que les réponses de cet entourage seront bienveillantes et apaisantes, comblantes et satisfaisantes ou décevantes et frustrantes. Le plaisir pris, qui se manifeste par de la joie, des cris et par le désir de continuer, de recommencer, est un incroyable stimulant d'énergie, et quand l'énergie circule librement dans un corps, elle nourrit et consolide les immunités naturelles.

Nous avons là une réponse claire : le plaisir des enfants et tout ce qui y participe contribuent à les maintenir en bonne santé.

Comme je le rappelle souvent, les enfants (comme plus tard les ex-enfants que sont les adultes) ont des besoins relationnels (et pas seulement des besoins de survie alimentaire, d'habillement, de sécurité matérielle). Les principaux besoins relationnels sont : besoin de se dire, d'être entendu, d'être reconnu, d'être valorisé, d'intimité, de créer et de rêver. Selon la qualité des réponses de l'environnement, ces besoins seront respectés ou maltraités, satisfaits ou frustrés, et cela au travers des relations significatives que chaque enfant aura avec ses parents et aussi ses proches. Il tentera de compenser les manques ou les insuffisances perçus chez les uns pour essayer de les réparer avec d'autres.

La nature du plaisir (lié à la satisfaction engrangée) sera fonction des relations qui seront vécues soit comme stimulantes, soit comme inhibantes. Une relation est semblable à un pont, un canal, une passerelle entre une personne (ici un enfant) et une autre (un parent, un enseignant, un proche de la parentèle ou de la fratrie) qui permet la circulation, dans les deux sens, de deux sortes de messages :

* Des messages positifs, gratifiants, porteurs de joie et de plaisir.
* Des messages négatifs, blessants ou frustrants, porteurs de déplaisir, de malaise ou même de violence.

Il faut savoir que lorsqu'un enfant reçoit des messages positifs et qu'il sait les accueillir, cela agrandit la vivance de sa vie (son goût de vivre), stimule ses énergies (et donc ses immunités naturelles), sa confiance en lui, l'estime et l'amour de soi et le plaisir d'être. Ces six composantes sont sources de plaisir, de bien-être, d'harmonie et d'équilibre. Autant d'éléments qui participent à l'état de sa santé.

Cela permet de comprendre que si un enfant garde trop longtemps en lui des messages négatifs, toxiques, sa vivance diminue, ses énergies baissent, l'estime de soi, la confiance et l'amour de soi sont blessés et son plaisir d'être est quasi inexistant. Il devient donc plus vulnérable aux agressions somatiques, ses immunités naturelles sont en baisse et il engrange des blessures qui vont le fragiliser.

L'accès au plaisir, à la joie d'être reste, pour un enfant, la meilleure des vitamines, la plus dynamique des espérances.

## Et si on arrêtait d'infantiliser nos enfants ?

Qu'ils soient petits ou grands, il semble que cela soit une spécialité de certains parents d'infantiliser leurs enfants, et cela à tout âge. De les infantiliser en leur envoyant très souvent des messages tels que : « Ah, si seulement tu avais un peu plus de volonté. Tu devrais quand même prendre tes responsabilités, ne pas te laisser entraîner par ceux qui se prétendent tes amis, faire preuve de plus de cohérence, mais tu es toujours à hésiter entre deux solutions… » Messages accompagnés de commentaires disqualifiants : « C'est vraiment difficile d'avoir confiance en toi, tu commences dix choses à la fois et tu ne termines rien, si je n'étais pas derrière toi, je ne sais pas comment cela se terminerait… »

Ces messages sont doubles : ils visent à les stimuler, à les encourager tout en leur rappelant leur incapacité, en les faisant douter de leurs compétences ou de leurs possibles. D'un côté, ils les invitent à se comporter correctement, à prendre des décisions, pour qu'ils sachent affronter les labyrinthes de leur scolarité, traverser les méandres de la vie sociale, de l'autre côté, ils les mettent en doute sur leur capacité à réussir, à faire face, à trouver par eux-mêmes des réponses, à prendre le risque de se confronter à des difficultés, pour grandir ainsi de l'intérieur !

Combien de fois n'ai-je entendu de la part de certains pères ou mères : « Il est trop petit pour comprendre ! », « Il est encore un peu jeune, si je lui parle aujourd'hui, cela risque de le traumatiser », « Vous croyez qu'on peut lui parler de ses origines, ne risque-t-il pas de souffrir en apprenant que je ne suis pas sa génitrice ? », « Quand même, vous n'allez pas soutenir qu'un enfant de trois ans a la compréhension nécessaire pour que je puisse lui dire que j'ai fait une fausse couche et que le petit frère attendu n'arrivera pas ! Mieux vaut ne pas en parler, il oubliera très vite... » Je peux imaginer qu'en agissant ainsi, ces parents se donnent l'alibi de protéger leur enfant, mais peut-être, plus secrètement, espèrent-ils garder la « position haute », celle qui influence, qui contrôle, qui leur permet de continuer à dominer dans les échanges qu'ils ont avec lui.

Il faut comprendre aussi que le plus souvent, c'est ainsi que des parents expriment leurs peurs et leurs désirs. Qu'ils témoignent d'une ambivalence fréquente chez beaucoup d'entre eux, en énonçant à la fois leur volonté que l'enfant grandisse, se sente plus responsable et leurs souhaits secrets de le maintenir encore un peu en dépendance, en prétendant qu'il est trop fragile, trop immature, trop « enfant », et ce faisant de veiller à le maintenir sous leur influence pour quelques années encore !

Nos enfants, comme tous les enfants, ont des ressources inouïes pour affronter quelques-uns des mystères, des contradictions, des paradoxes, des injustices ou des aberrations de la réalité qui les entoure. Ils peuvent, plus souvent que les adultes le pensent, entendre l'une ou l'autre de ces contradictions, s'y confronter et trouver par eux-mêmes des médiations, des contre-feux, des chemins de traverse pour les contourner ou des moyens pour les affronter plus directement.

Ainsi la façon dont cet enfant de sept ans a su colorer positivement un souvenir tragique, qui aurait pu être menaçant pour lui : « Papa était très en colère contre maman, il criait devant tout le monde qu'elle couchait avec tout le quartier. Tellement en colère qu'il avait décroché le fusil de la cheminée, mais il a trébuché, il s'est retrouvé sur le derrière et le coup est parti. C'était drôle, en plein dans la photo de grand-père qui était dans le couloir, la vitre du cadre a éclaté en mille morceaux et le chapeau de grand-père aussi. Moi j'étais content, parce que cette photo, elle me faisait peur, tous les soirs, quand je devais passer devant elle pour aller au lit. Sur cette photo les yeux de grand-père me suivaient jusque dans ma chambre ! Et puis c'est pas vrai que maman couchait avec tout le monde, elle était seulement copine avec Marcel, le coiffeur du coin, lui il était très propre et sentait bon, en plus il était gentil avec moi. »

Une maman m'a raconté : « Ma fille Marie avait cinq ans quand j'ai perdu mon bébé en faisant une fausse couche, au septième mois de ma grossesse. En famille, personne n'en a parlé, ni à table ni ailleurs, mais Marie m'a dit un matin · "Moi je suis assez grande pour aller à l'école toute seule et même pour pouvoir accompagner mon frère ! Parce que quand on est trop petit pour traverser la rue tout seul, on peut avoir un accident." Ainsi elle m'annonçait qu'elle avait bien entendu, à sa façon, ce qui était arrivé à mon bébé ! »

Les enfants ont des ressources incroyables, dans beaucoup de domaines, pour affronter les différentes péripéties de la vie.

« À l'école, il y en deux qui sont toujours méchants avec moi, ils cherchent toujours à me bousculer, mais ils ne savent pas que Marie-Soleil, c'est moi qu'elle aime, parce que c'est ma vraie copine. Elle m'a juré qu'elle ne l'avait dit à personne d'autre ! »

« Maman, elle croit toujours que je ne l'entends pas quand elle discute avec la voisine. L'autre jour elle a dit, en avançant son menton dans ma direction : "C'est l'autre que j'ai perdue, c'est pas celle-là et pourtant…" Moi je sais que ce "pourtant", ça voulait dire qu'elle aurait préféré que ce soit moi qui meure et pas ma sœur. Mais moi, je sais que j'aime bien être vivante, c'est important pour moi, car un jour je serai médecin et je soignerai les enfants pour pas qu'ils meurent, pour pas qu'ils fassent de la peine à leur mère ! »

Ainsi, tout à l'intérieur, dans le silence de leurs pensées, dans les tempêtes de leur imaginaire ou dans le fracas étourdissant de leurs jeux, les enfants grandissent, avancent, défient les incertitudes de la vie et absorbent malaises, malentendus et violences, pour continuer à exister.

## Pourquoi certains enfants se mettent-ils à bouder ?

Chaque enfant est unique et surtout a une histoire qui ne peut être comparée à aucune autre. Une histoire, c'est-à-dire un ensemble de traces, de modèles, de scénarios qui se gravent très tôt, à partir d'interactions avec leur entourage proche (parents directs ou parentèle). Il s'agit en quelque sorte d'un tissage complexe, constitué de réponses (plus ou moins comblantes) à leurs attentes, de soutiens (adaptés ou trop distanciés) à leurs angoisses, de présence (bienveillante, chaleureuse, personnelle ou trop froide, rigide ou trop impersonnelle) à leurs besoins essentiels et vitaux.

Selon que l'équilibrage de toutes ces interactions sera harmonieux ou pas, un enfant acceptera et amplifiera les gratifications de la vie ou au contraire vivra mal les frustrations inévitables qu'il rencontrera au quotidien, s'ouvrira, se socialisera ou se fermera en adoptant différentes dynamiques et stratégies de survie comme l'agression, l'inhibition ou la fuite.

Le repli sur soi, comme la bouderie, peut être une de ces stratégies. La bouderie ajoute un plus, car elle tente – même si ce n'est pas conscient – d'agir sur l'autre, de peser sur son comportement, voire de le modifier.

Effectivement, certains enfants, quand on n'a pas le même point de vue qu'eux, ou quand on ne répond pas positivement à leurs attentes, qu'on leur pose une limite ou un interdit, se mettent à bouder, à se fermer, à se replier sur eux-mêmes dans un silence assourdissant qui occupe soudain tout l'espace de la relation que nous avions avec eux.

Ils peuvent imaginer que lorsqu'on ne satisfait pas leur attente, c'est qu'on est contre eux, qu'on leur en veut. Et cela leur paraît insupportable, inacceptable, si bien qu'ils se coupent, qu'ils se replient sur eux-mêmes, en croyant peut-être qu'ainsi ils souffriront moins. La bouderie en ce sens peut être l'équivalent d'une anesthésie éveillée, pour ne pas sentir, ne pas laisser entrer en soi la douleur de ne pas avoir été entendu, compris ou comblé.

Certains peuvent croire aussi que leur silence va nous interpeller ou nous faire souffrir et peut-être nous obliger à modifier notre position.

D'autres pensent que si on a un point de vue différent du leur, c'est qu'on ne les aime pas, et cela réveille la non-estime de soi, la non-confiance, déclenche des interrogations douloureuses sur la place qu'ils ont dans cette famille, dans cette école ou dans ce groupe d'amis. Leur avidité à être acceptés ou aimés fait qu'ils préfèrent s'amputer des quelques marques d'intérêt ou d'attention, qui leur semblent alors sans aucune valeur, trop dérisoires par rapport à leurs attentes.

Pour d'autres enfants encore, le fait de bouder est une façon de dire : « Je n'ai pas besoin de vous, regardez comme je suis grand, comme je suis capable de vous résister », alors qu'ils se sentent tout petits à l'intérieur !

En conclusion, un enfant qui boude n'est pas un enfant qui a du caractère comme on le croit trop souvent, c'est un enfant qui n'est pas réellement heureux, c'est un enfant qui souffre tout à l'intérieur, et qui ne peut parler ouvertement de ce qui le fait souffrir. Cela veut dire qu'il lui faut trouver quelqu'un avec qui parler de cette souffrance-là, pour lui faire découvrir que ses désirs ne sont pas tout-puissants, que la réalité qui l'entoure n'est pas nécessairement à son service, que la bouderie est une autoprivation dont il est le seul maître.

## Il n'est pas facile d'être un enfant préféré !

Non, il n'est pas facile d'être le préféré de sa maman ou de son papa ! On peut l'être parfois de sa grand-mère ou de son grand-père, qui va privilégier, parmi tous ses petits-enfants, celui pour lequel son cœur va battre plus fort ou plus doux, on peut l'être de sa maîtresse d'école ou d'un enseignant, qui va remarquer parmi toutes les têtes penchées sur leurs devoirs l'élève sur lequel son regard sera moins distrait, plus ouvert, plus bienveillant. Mais dans l'univers clos d'une famille, être quasiment enfermé dans les attentes et les attentions de l'un ou l'autre de ses parents va peser lourd sur une existence.

L'enfant préféré se reconnaît au regard qu'une mère ou un père porte sur lui. Regard plus long, plus vif, plus fréquemment dirigé vers sa personne, ses actes, ses comportements. On reconnaît l'enfant préféré à des attentions plus fréquentes, à des intonations plus douces, plus tendres, à des paroles et des messages plus positifs déposés sur lui. Le « biberon relationnel » – j'appelle ainsi l'ensemble des messages verbaux et non verbaux qui circulent des parents en direction de l'enfant – qui le nourrit (et l'attache à la fois) est chargé de plus de messages gratifiants et valorisants qu'envers les autres enfants de la famille.

Le préféré est souvent mis en avant (ce qu'il ne souhaite

pas toujours), il est montré, cité en exemple, valorisé au-delà de ses ressources et compétences réelles, et il va avoir le sentiment qu'il doit en permanence être à la hauteur, et faire face à toutes les attentes qui viennent vers lui. Mais il sait aussi qu'il peut décevoir, qu'il sera peut-être excusé et recevra en prime un surcroît d'encouragements. Il risque aussi d'être hyperprotégé, car il est le réceptacle de désirs et de peurs (qui vont parfois se déposer massivement sur lui) de la part de ses géniteurs. Il est au cœur des attentions et des demandes les plus extravagantes, en particulier celle de faire la preuve qu'il est bien le fils de ses parents !

L'enfant préféré est souvent au centre d'une mission de réhabilitation : maintenir au plus haut niveau l'image de la bonne mère et du bon père que l'un et l'autre de ses parents ont besoin d'avoir (à leurs propres yeux !). L'enfant préféré est ainsi le témoin vivant que ses parents sont bien les siens et que même s'ils sont imparfaits, ils n'en restent pas moins de bons parents !

Un enfant préféré a été attendu, espéré longtemps avant sa naissance, dans l'imaginaire de sa mère ou de son père. Il peut arriver après un ou deux enfants, qui, eux, n'ont pas fait l'objet d'un tel investissement d'amour, ce qui lui donnera une place particulière, un statut affectif élevé.

Un enfant préféré ne sait pas qu'il a été conçu très tôt, dans l'imaginaire de l'un ou l'autre de ses géniteurs. Quelquefois à l'époque où ceux-ci jouaient encore à la poupée ou aux gendarmes et aux voleurs. Il représente en partie ou en totalité l'enfant qu'ils ont été ou qu'ils auraient voulu être.

Quand on est un enfant préféré, on est souvent habité par des doutes : « Et si un jour mes parents faisaient un autre enfant qui serait mieux que moi, qui serait, lui, le préféré de tous ? » La peur d'être délogé de sa place, de voir disparaître les attentions reçues jusqu'alors reste présente et intrusive. Elle peut se traduire par de l'angoisse.

Par ailleurs, l'enfant préféré sait qu'il sera l'objet des envies, du ressentiment ou de l'agressivité de sa fratrie, ou de sa classe s'il est le favori de l'enseignant !

Le drame de l'enfant préféré, c'est qu'il ne saura jamais s'il est aimé pour ce qu'il est ou pour ce qu'il représente aux yeux de ses parents ou de son entourage. Qu'est-ce qui lui vaut l'amour et l'intérêt qu'il perçoit ?

Un enfant préféré aura du mal à renoncer à l'illusion de la toute-puissance infantile qui traverse les débuts de l'existence de tout enfant (entre zéro et deux ou trois ans dans nos cultures). Quand l'ITPI se confronte à la réalité, c'est-à-dire aux contraintes et aux frustrations inévitables de la vie sociale, l'enfant aura à prendre sur lui, il devra apprendre à s'ajuster et à découvrir que ses désirs ne sont pas tout-puissants. L'enfant préféré risque de garder un potentiel d'illusions et de croyances, avec des attentes excessives, toujours prioritaires, qui correspondent à son désir de rester le préféré dans les différentes situations de sa vie. C'est un travail épuisant, à plein temps… qui risque de souvent le désespérer !

# Enfants d'aujourd'hui

Je reste étonné par la créativité, les capacités d'adaptation, le sens de l'improvisation des enfants pour faire face à l'imprévisible de la vie. Le plus souvent, cela m'émeut et parfois me chagrine, mais c'est toujours une leçon pour rester ouvert et attentif aux enfants qui seront les adultes de demain et qui auront à transformer, à améliorer ou à maltraiter ce monde qui sera celui de leurs enfants à venir.

Devant un rayon de supermarché, une petite fille de huit-neuf ans réclame à sa maman une paire de lunettes rose qu'elle montre du doigt. La mère refuse. La fillette croise les bras sur sa poitrine, se plante devant le rayon et s'écrie : « Vivement que je sois au chômage pour que je puisse m'acheter ce que je veux ! »

À la caisse d'un grand magasin, un enfant de six-sept ans réclame un paquet de bonbons dont il s'est emparé dans le présentoir. Sa mère refuse, il insiste, nouveau refus, il s'écrie alors : « Si tu ne veux pas, attention à toi, je compte un, deux, trois et puis je crie très fort, comme un enfant maltraité ! » La mère obtempère et achète les bonbons.

Deux fillettes parlent ensemble sous le préau. L'une chuchote : « Mes parents, c'est comme les tiens, ils ont divorcé.

C'est triste qu'ils aient divorcé, tu ne trouves pas ? Maintenant ils ont chacun un appartement, mais parfois mon père, quand il est seul, il vient quand même dormir avec maman... »

Et ce petit garçon, en dernière année d'école maternelle, qui se plaint à sa mère : « C'est pas marrant l'école, on ne fait que jouer et on n'a même pas le temps de s'amuser ! »

Au moment de l'affaire Dutroux, en Belgique, dans la cour de récréation certains enfants avaient inventé un nouveau jeu. Un garçon s'élançait en criant : « Je suis Dutroux, je suis Dutroux ! » et se précipitait sur les autres. Celui ou celle qui était saisi se mettait à crier : « Je ne veux pas, je ne veux pas ! » Et « Dutroux » lui disait avec une voix grave, en le saisissant pour l'emmener dans un coin de la cour surnommée depuis quelques jours la « cave à Dutroux » : « De toute façon, personne ne t'entendra ! »

Quatre ou cinq petites filles jouent à la marchande. Elles ont des faux billets et chacune est à la fois vendeuse et acheteuse. Il y a la boulangère, l'épicière, la pharmacienne et la « dame des parfums ». Celle-ci a bien perçu que les parfums sont plus chers que tous les autres produits, ce qui fait qu'elle encaisse plus d'argent. Cela met les autres en difficulté pour pouvoir acheter. À un moment donné elle leur dit : « Vous pouvez quand même me payer avec du vrai argent ! »

En maternelle, un petit garçon annonce que bientôt il va avoir une petite sœur. Une petite fille enchaîne : « Moi aussi je vais avoir une petite sœur, malheureusement la mienne n'aura pas de papa, parce qu'il a frappé ma maman, il y avait du sang dans la baignoire et maman a dit qu'elle ne voulait plus le voir ! »

Je me rassure en me disant que si un enfant peut mettre des mots sur quelques-unes des contradictions ou certaines horreurs de la vie, tout n’est pas perdu, peut être arrivera-t-il à traverser tout cela sans trop de risques.

## Nécessité d'une mise en mots, naissance d'une parole

Les enfants utilisent la voix, c'est-à-dire des mots, pour se dire et surtout des maux pour tenter de se faire entendre. À travers des cris, des pleurs, des gestes, des colères ou des bobos multiples, ils disent leurs besoins primaires de survie mais aussi leurs besoins relationnels et proclament, avec une certaine efficacité, leur existence face aux parents ou l'entourage proche et plus tard face au monde.

Puis la parole se structure, s'enrichit, s'affine, se déploie au travers d'échanges, de confrontations, d'oppositions ou de retours sur soi. Je rejoins celui qui a écrit : « La parole est la voie royale pour l'affirmation de soi. » La parole en effet permet de se positionner, de se situer face à l'autre, non pas à travers un discours sur soi, mais en parlant de soi, en témoignant, en osant se définir (pour éviter d'être défini par l'autre).

C'est par la parole aussi que nous pouvons restituer à l'autre ce qui vient de lui et qui n'est pas bon ou acceptable par nous. En renvoyant à l'autre avec des mots les messages toxiques reçus, tels des commentaires négatifs, des jugements de valeur, des paroles disqualifiantes ou blessantes, des attitudes toxiques qui risquent de nous polluer si nous les gardons dans nos pensées ou notre imaginaire. La parole devient alors le support essentiel à la fois d'une émancipation personnelle (face à la famille et au milieu d'origine) et d'une émancipation sociale pour s'affranchir de l'emprise de tabous, de certaines prescriptions culturelles, religieuses ou sociales plus ou moins oppressantes ou obscurantistes.

Pour certains, la naissance à une parole libre et indépendante sera plus difficile, car parfois jalonnée d'obstacles liés à l'image de soi, à la non-confiance, à la rétention et à la répression imaginaire qui nous fait penser par avance à la réaction de l'entourage (réaction anticipée comme négative ou malveillante) si nous disons ce qui circule en nous, ce qui nous traverse ou nous agite.

Aujourd'hui la parole est peut-être trop domestiquée par une technologie envahissante, étouffée par des impératifs de rendement et de performance, violentée par l'urgence d'un temps qui s'accélère sans cesse. Les partages sont devenus plus superficiels, les rencontres plus fugaces et éphémères, les liens plus distendus, les questionnements plus approximatifs, sans résonance profonde et durable, et les engagements moins fiables.

Et pourtant quel beau cadeau à se faire que de pouvoir se réconcilier avec les mots, afin de mieux traduire un ressenti difficile, éviter un passage à l'acte qui peut violenter l'autre et entretenir ainsi incompréhensions et conflits. Au-delà d'une communication infraverbale toujours présente, la parole est indispensable pour exprimer des sentiments ou des émotions, que ce soit dans les tâtonnements et les apprivoisements des premiers temps d'une rencontre amoureuse ou dans l'éclat lumineux du bonheur d'être ensemble à partager un projet de vie, à le construire ou à réinventer le monde.

La parole sert aussi à la transmission. Dans certaines cultures la transmission verbale est la trame du tissu social. En Occident, depuis quelques années, il y a un retour à l'oralité. Transmission difficile de valeurs, plus grande sensibilité à la recherche du sens, exploration plus ouverte aux métaphores et aux contes qui, comme chacun le sait, sont porteurs de connaissances immémoriales.

Osons donc notre parole et sachons non seulement la dire mais l'entendre quand cette parole arrive jusqu'à nous.

# *Rencontre et écoute de soi*

# Être fidèle à soi-même

Je mesure le chemin parcouru depuis les errances et les tâtonnements de ma jeunesse. À cette époque, je recherchais surtout l'approbation de tous ceux qui croisaient ma route, j'avais besoin à tout prix de plaire et surtout de ne pas mécontenter ou faire de la peine à tous ceux que je rencontrais. Je voulais être accepté inconditionnellement et donc je m'appliquais avec beaucoup de soins à me présenter sous le jour que je croyais le plus favorable. Bref je ne me respectais pas beaucoup, j'étais loin d'être fidèle à moi-même.

J'ai mis beaucoup de temps à sortir de ce conflit sans cesse réactualisé entre pseudo-fidélité à l'autre et pseudo-fidélité à moi-même.

Un chemin de liberté s'est dessiné peu à peu pour moi, sans culpabilité vis-à-vis d'autrui, dans une certaine douceur et force tranquille, quand j'ai pris le risque de me définir dans ma différence, d'affirmer mes seuils de tolérance vis-à-vis de telle relation ou tel comportement proposé par l'autre, d'exprimer mes ressentis réels ou de me positionner sans avoir besoin de m'enfermer dans le silence ou la bouderie. Je me souviens par exemple de la façon dont, au début de ma vie d'adulte, j'abordais un obstacle ou une situation pénible de façon si défensive que cela déclenchait une succession de réactions en chaîne qui mobilisaient l'essentiel de mes énergies, sans faire progresser pour autant la situation, et dont le résultat m'entraînait à me victimiser encore plus.

Je vois tout l'éventail des possibles qui s'offrent à moi aujourd'hui : ne pas entretenir l'opposition mais favoriser l'apposition, ne plus cultiver l'affrontement mais rechercher la confrontation, m'appuyer sur les points communs au lieu de mettre en évidence les antagonismes, ne plus me laisser définir par l'autre mais prendre le risque de me situer, de m'affirmer, de recadrer les situations en ne prenant plus le problème de l'autre sur moi. Une des positions relationnelles qui m'a fait le plus progresser, c'est de ne pas garder en moi ce qui venait de l'autre quand ce n'était pas bon pour moi et d'oser restituer (de façon symbolique) les messages toxiques (mots ou comportements) qui me blessaient.

J'ai appris à faire alliance avec mes ressources plutôt que de m'enfermer dans mes manques, à trouver la bonne distance ou à faire un pas de côté, à relativiser et surtout à ne plus entretenir du ressentiment, à prendre le risque d'un conflit ouvert plutôt que de rester dans des non-dits et des ruminations stériles.

Entre tout et rien, il y a une multitude de possibles qui peuvent être explorés et vécus à chaque instant.

En ce moment autour de moi, il y a beaucoup de changements : des relations s'étiolent, des décès, des êtres qui paraissaient fiables se dévoilent versatiles ou inconsistants. J'ose approfondir les ressources et les bienfaits de la solitude, j'entreprends de me réconcilier avec mon corps, qui s'épuisait depuis quelques années à m'avertir d'être plus vigilant et même plus bienveillant avec lui…

Je tente de savourer la vie avec lucidité et tendresse comme un cadeau qui se renouvelle chaque jour.

J'avance en me tenant le plus droit possible, et même si l'une de mes jambes traîne un peu, je l'encourage à tenir bon, à m'accompagner encore. Nous avons tant à découvrir.

# Vivre en accord avec soi

Nous sommes souvent tiraillés entre plusieurs projets, partagés entre des désirs et des besoins divergents ou déchirés entre différents choix d'action ou encore écartelés entre des engagements multiples. Et cela déclenche le plus souvent en nous des malaises, des tensions, des conflits intrapersonnels ou du mal-être.

« Quelques jours avant mon mariage, je me sentais incapable de savoir si cette décision correspondait vraiment à la femme que j'étais. Le matin j'étais pour, le soir j'étais contre. Plusieurs signes auraient dû m'alerter : il m'arrivait depuis quelque temps de me tromper de rue, je faisais des numéros de téléphone qui ne correspondaient à rien, je vomissais tout ce que pourtant j'aimais, j'ai eu deux accrochages en voiture... Si j'avais écouté davantage mon corps, je ne serais pas coincée encore aujourd'hui dans une relation qui s'est révélée aussi catastrophique pour moi ! »

Nous pouvons considérer comme un bon ancrage à notre équilibre intime la recherche d'un accord ou d'un meilleur consensus entre ce que l'on pense et ce que l'on dit, entre ce que l'on ressent et ce que l'on fait.

« La première fois où cela m'est arrivé de prendre enfin une décision pour moi, rien que pour moi, décision où je me suis senti réellement en accord avec moi-même, j'ai eu le sentiment que j'étais enfin un adulte. Que ce que je faisais était pour moi-même et non pour obéir à ce que j'imaginais que les autres attendaient de moi. »

Un tel accord intérieur nous permet à la fois de retrouver une unité, une cohérence et un meilleur équilibre intime, mais aussi de pouvoir prendre des décisions plus cohérentes ou plus adaptées aux situations que nous avons à vivre. Car les désaccords qui traversent notre existence sont d'une part énergétivores, consomment beaucoup de notre temps, de nos pensées, parasitent nos projets et nous limitent dans nos rêves et d'autre part nous entraînent parfois dans des directions qui ne correspondent pas toujours à nos aspirations les plus profondes.

« J'ai senti très vite que je ne m'étais pas respectée, je me sentais en pleine contradiction, saisissant mieux que j'avais accepté de le suivre à l'étranger, dans son nouveau poste, pour lui faire plaisir. Quelques jours après notre arrivée dans ce nouveau pays, j'étais renversée par une voiture et je vis aujourd'hui dans un fauteuil roulant. J'aurais dû être plus respectueuse de mes ressentis. »

Un travail personnel en direction d'une plus grande cohérence envers soi-même consistera à mieux cerner ses priorités, mieux différencier ses besoins de ses désirs et pouvoir prendre appui sur ses ressources en tenant compte de ses limites.

La recherche d'un bon accord avec soi-même s'inscrit non seulement dans une démarche de développement personnel mais aussi dans tout un processus visant à améliorer la qualité de ses relations à soi et aussi avec ses proches et moins proches. Ce processus comprend la mise en pratique de quelques règles d'hygiène relationnelle, la mise en œuvre de quelques démarches symboliques ainsi que l'acceptation d'un principe vital : la liberté d'être repose sur notre capacité à faire des choix et choisir, c'est savoir renoncer.

Se sentir engagé par des prises de décision plus claires, qui correspondent à la femme ou à l'homme que nous sommes à un moment donné de notre existence, nous permet de trouver ou de retrouver un accord et donc plus de paix à l'intérieur de soi.

## Être négatif… c'est coûteux !

Quand je suis habité de pensées négatives à l'égard de quelqu'un, d'une situation, d'un événement, je deviens alors, en miroir, négatif envers moi-même et je peux blesser ainsi les forces vives qui m'habitent.

Quand je peux imaginer un léger déplacement de mon activité cérébrale, passant du cerveau gauche (rationnel, logique, technologique) au cerveau droit (celui de l'irrationnel, de la créativité, de l'imaginaire), il me semble que j'augmente mon immunité envers les agressions ou les pollutions extérieures qui peuvent se déposer sur moi.

Quand je peux restituer symboliquement à celui qui me l'a envoyé un message toxique, une violence verbale ou physique, je sens que je retrouve des énergies qui autrement se bloqueraient, s'enkysteraient autour de ce message. Tout se passe comme si des énergies se libéraient par le seul fait de ne pas garder en moi quelque chose qui me pollue, simplement en le restituant symboliquement à celui ou à celle qui l'a déposé sur moi. Des énergies que je peux alors mieux utiliser pour être plus présent au présent.

Quand je me centre sur une personne (et non sur le problème de cette personne) pour la soutenir, l'encourager ou l'inviter à aller plus loin, je vais moi-même beaucoup mieux. Je sens que je m'allège quand je ne prends pas le problème ou les difficultés de l'autre sur moi. Quand je conscientise mieux que ces difficultés lui appartiennent et que je peux l'inviter à le faire pour lui, afin de ne plus les entretenir, quand je peux l'aider à affronter différemment ses difficultés, c'est aussi moi-même que j'aide.

Quand je fais preuve de compassion sans me laisser envahir par les émotions ou les émois de celui qui est devant moi, je peux ainsi rester au plus près de lui, au plus proche de ce qu'il vit. Cela ne relève pas de bons sentiments que je peux avoir, mais c'est relié à un état d'exigence, de rigueur, de centration sur les ressources de la personne qui est devant moi.

Quand je peux renoncer aux autosaboteurs qui polluent les relations les plus essentielles de ma vie, je peux proposer des relations sans ambiguïté, plus ouvertes et dynamiques à ceux que j'aime.

Durant des années je me suis vécu comme un missionnaire chargé de sauver le monde, capable de réparer toutes les absurdités qui m'entouraient, de lutter contre les injustices. Tout cela s'est un peu décanté avec le temps. En devenant un peu moins naïf, il me semble que je me confronte mieux à la réalité. Même si je me sens toujours porteur de messages qui invitent les gens à se réconcilier avec eux-mêmes, je tente de rester au plus près des engagements qui sont les miens : ouverture, respect, tolérance, cohérence.

Aujourd'hui je me sens quelqu'un qui veut partager quelques-unes des découvertes qui l'ont fait grandir.

La recherche du plaisir me fait moins peur. Je connais une source puissante qui peut l'alimenter, c'est la joie d'échanger, de partager dans la réciprocité.

Je sais aussi qu'il existe des mécanismes d'autoguérison qui sont à la disposition de chacun, encore faut-il non seulement les apprivoiser mais surtout ne pas les maltraiter pour qu'ils restent actifs et efficients.

Ainsi il m'appartient de poursuivre le nettoyage de la

« tuyauterie relationnelle » qui me relie à mon enfance, à mes ascendants, à ceux qui ont participé à mon éducation et à tous ceux qui m'ont conditionné, formaté ou guidé sans toujours respecter mes aspirations profondes.

Démarche de nettoyage jamais achevée, toujours en gestation, qui renouvelle ma disponibilité et mes énergies.

# Je me désespère parfois…

Oui, je me désespère parfois, mais je ne me décourage jamais. Car je découvre chaque jour qu'il y a beaucoup de choses, d'événements, d'actes collectifs ou individuels qui ne vont pas toujours dans le sens des catastrophes annoncées.

C'est Jean Jaurès, je crois, qui pensait qu'il y peut avoir, dans un coin du monde, une conscience collective, « supérieure, en suspens », non soumise au désordre destructeur des hommes. Comme si les progrès étaient réservés à la conscience de l'humanité et la violence, la destruction à l'inconscience de l'homme !

Nous devons, nous les humains d'aujourd'hui, nous réjouir de tant de merveilles qui nous entourent, proches ou moins proches, et de celles qui subsistent plus loin, dans d'autres pays, d'autres cultures. Merveilles naturelles, venues du fin fond de l'humanité, ou encore merveilles plus récentes produites, créées par les mains de l'homme et dont nous pouvons retrouver la trace en direct, dans certains reportages à la télévision, sur Internet, dans des journaux ou des livres, et parfois même dans la réalité à l'occasion d'un voyage – quand elles n'ont pas fait l'objet de dégradations, de destructions ou encore de modifications pour les rendre plus touristiques ou attractives ! Il subsiste des monuments, des espaces et des territoires qu'il devient urgent de visiter, des hommes et des femmes qu'il est possible de rencontrer pour s'émerveiller « en live », comme on dit aujourd'hui, avant leur disparition.

Nous devons avant tout remercier la Vie d'être encore présente sur cette Terre, de survivre avec courage et ténacité, de s'accrocher avec toutes ses ressources dans différents endroits du monde où elle est violentée. Cette Vie dont certains « chercheurs » veulent percer les mystères, pour mieux la contrôler et peut-être la vendre au meilleur prix !

Nous devons aussi nous enthousiasmer pour les femmes et les hommes qui acceptent de procréer, qui prennent le risque de donner le jour à des enfants, malgré tout ce qu'ils voient autour d'eux, et de consacrer quelque vingt ans de leur vie (parfois plus) à les élever, à tenter de leur donner le meilleur d'eux-mêmes pour les propulser dans le monde avec le maximum de ressources. Nous pouvons même les encourager à ne pas se désespérer quand certains de ces enfants et adolescents plongeront dans des addictions, s'exprimeront avec de la violence ou s'enfermeront durant des heures face à un jeu vidéo, en oubliant qu'il y a du soleil dehors et des étoiles dans le ciel.

Nous devons être reconnaissants à ces cultivateurs qui sèment et cultivent bio, tout en sachant qu'autour d'eux des pesticides de plus en plus toxiques engorgent les champs voisins, que des pluies acides peuvent tomber du ciel et que les cultures transgéniques prolifèrent, car le vent et la pluie ne connaissent pas de frontières.

Nous devons rester admiratifs et compatissants devant les apiculteurs qui voient leurs ruches devenir stériles et qui malgré tout continuent de produire du miel, de recueillir la cire, de nourrir des abeilles vagabondes, qui perdent, nous dit-on, le sens de l'orientation, à moins qu'elles n'aient pris la décision de se suicider collectivement !

Nous devons bien sûr nous émerveiller de voir des mers et des océans infinis déposer leurs vagues sur des plages dorées, contenir en leur sein un univers si riche, si dense (encore) de poissons et de végétations magnifiques, sans nous laisser emporter par la colère et la tristesse quand nous entendons parler des marées noires, des massacres de baleines, de la disparition des thons rouges, de la dégradation des coraux et autres contaminations aveugles.

Nous devons rester calmes, retenus, même dans notre indignation, quand nous voyons en été des incendies ravager des régions entières, en nous souvenant des forêts immenses de notre enfance, en nous rappelant que nous avons tant voyagé enfants, « en vrai dans notre tête », sur l'Amazone, le Nil, le Mississippi ou le Yang Tsé-kiang que nous appelons en France le fleuve Bleu. Pouvoir s'appuyer sur de tels souvenirs est déjà quelque chose d'inouï, qui devrait nous encourager à regarder l'avenir sans trop nous décourager.

Nous pouvons aussi et surtout embellir notre espace intime, celui sur lequel nous avons une influence, une prise, un impact possible. Lui offrir du bon et du beau, lui offrir du tendre, lui permettre simplement de rester en accord avec le meilleur de nous.

La Vie nous habite encore, n'est-ce pas l'essentiel ?

## Le courage d'être soi

Il n'y a pas de concept précis ou de définition claire pour définir le courage d'être soi.

Ce courage ne consiste pas à s'engager dans des actions héroïques, à plonger dans la Garonne ou la Seine en plein hiver pour sauver quelqu'un qui se noie ou encore à se priver de sucreries pour éviter de grossir. Il s'agit avant tout d'une démarche intime, personnelle, pour aller à la rencontre de ses possibles et de ses limites, pour accepter de se découvrir, de se reconnaître et peut-être de commencer à s'aimer. Pour oser affronter ses zones d'ombre et les blessures qui nous encombrent.

Il s'agit aussi d'oser entreprendre un véritable travail sur soi, pour se débarrasser des conditionnements engrangés durant l'enfance, des croyances erronées que nous avons adoptées pour survivre, des peurs défensives ou agressives, des injonctions reçues ou de celles que nous nous sommes données, pour redécouvrir la femme ou l'homme que nous sommes réellement avec nos ressources, nos forces vives, nos ancrages.

Avoir le courage d'être soi, c'est aussi tenter de dépasser les conflits internes (grands consommateurs d'énergie), c'est renoncer à réagir aux accusations ou à nourrir les auto-accusations (qui nous détournent de l'essentiel). C'est accepter de nous confronter (sans nous laisser envahir) aux orages émotionnels qui nous coupent du réel et nous entraînent dans le réactionnel en déclenchant ce que justement nous ne souhaitons pas !

Peut-être ne s'agit-il au fond que de répondre à une seule question, mais qui a plusieurs niveaux : « De quoi ai-je besoin ? Qu'est-ce qui m'est nécessaire pour être moi-même ? Pour rester fidèle à moi-même ? Pour ne pas trahir mes possibles ? »

Cette démarche peut se construire de différentes façons :

* Suite à une prise de conscience face à un événement interpellant (accident, maladie, rupture, perte...).
* Par un positionnement de vie qui veut s'inscrire en nous comme durable, et qu'il devient urgent de vivre et de réaliser.
* Par une rencontre significative, essentielle, qui va révéler au-delà d'un malaise que nous sommes trop souvent coupés du meilleur de nous-mêmes.
* Par la nécessité de sortir des répétitions engrangées dans les relations significatives de notre vie et en particulier d'oser entreprendre un nettoyage de la tuyauterie relationnelle dans plusicurs directions : avec ses parents, dans son couple, avec ses enfants, dans le monde du travail, dans la relation avec soi-même.
* En étant à l'écoute et en respectant les besoins relationnels les plus vitaux qui sont trop souvent maltraités par nous-mêmes ou notre entourage.
* En acceptant d'inscrire en nous quatre ancrages importants : apprendre à s'aimer (avec bienveillance), à se respecter (en osant dire non), à entrer dans un processus d'autoresponsabilisation (nous sommes responsables de ce que nous faisons avec ce qui nous arrive), et rester fidèle à nous-même (à nos valeurs, à nos croyances, à nos engagements et nos choix de vie).

## La recherche de la vérité

Ce qu'il y a de difficile dans la recherche de la vérité, c'est que parfois on la trouve… et qu'on peut la trouver là où l'on ne souhaitait pas nécessairement la rencontrer.

« J'ai demandé à ma compagne ce qui n'allait pas entre nous depuis quelque temps, ce que j'avais pu faire ou ne pas faire qui avait pu la blesser, c'est alors qu'elle m'a révélé qu'elle avait commencé une autre relation, qui prenait de plus en plus de place dans son cœur. Une relation qui la remplissait de confusion vis-à-vis des sentiments qu'elle pouvait avoir envers moi. Je me demande encore si je n'aurais pas préféré ne pas savoir, car cela m'a mis devant un choix que je n'étais pas prêt à faire : celui de lui redonner sa liberté, de laisser la place à l'autre, de me retirer. Et aujourd'hui encore je me demande si je n'aurais pas dû lutter, rester présent, continuer à lui dire combien elle était importante pour moi. »

Parfois, dire la vérité, quand on prétend la détenir, c'est prendre le risque de ne pas être entendu et même d'être rejeté. Ce ne sont pas les éléments que l'on révèle qui seront contestés, mais soi-même qui se trouvera confronté à des reproches, à des critiques ou même à des accusations…

« Quand j'ai voulu exprimer, dans une lettre adressée à mon père, l'angoisse et la souffrance que j'avais ressenties à partir d'un geste incestueux qu'il avait posé sur mon corps d'enfant à onze ans, ma mère a intercepté la lettre et m'a accusée de ne pas aimer mon père, de vouloir le rendre malade ! Elle m'a interdit violemment de faire une quelconque allusion "à tous ces mensonges, à toutes ces inventions qui avaient été inventés par mon thérapeute, un escroc qu'on devrait enfermer". Découvrir cette vérité-là chez son mari était inacceptable pour elle ! »

« Quand j'ai cherché à comprendre pourquoi mon chef de service harcelait avec tant de hargne une de ses collaboratrices, c'est moi qu'on a accusée de vouloir saper le moral de mes collègues, de déstabiliser le service et de risquer de donner une mauvaise image de l'entreprise ; si tout cela se savait à l'extérieur ! »

« Plein de signes auraient dû m'alerter venant de sa part ou même des voisins, et pourtant je les interprétais chaque fois dans un sens qui devait confirmer mon aveuglement. Quand après deux ans, j'ai découvert que celle que mon mari m'avait présentée comme sa cousine et collaboratrice occasionnelle était en fait sa maîtresse, cela m'est tombé dessus comme une bombe. Mais je devais certainement être prête à cette découverte, car j'ai pris la décision de le quitter en quelques jours. Ce que je n'aurais pu faire avant ! »

« J'ai recommencé à fumer, alors que j'avais arrêté depuis cinq ans, le jour même où la femme que j'avais rencontrée quelques mois auparavant m'a déclaré son désir de vivre avec moi. Je ne me sentais pas prêt mais je n'osais le lui dire. Quelque temps après son installation dans ma maison, j'ai commencé à avoir des pannes sexuelles. J'en suis toujours là, je n'ai pas encore pris le risque de lui dire que la vie en commun avec elle n'est pas réellement mon choix pour l'instant. Je ne sais comment lui dire ma vérité... »

Quand ma grand-mère disait : « Nul n'est plus sourd que celui qui entend », je crois qu'elle faisait référence à cette difficulté qui nous est propre de ne pas vouloir (pouvoir) entendre ce qui pourrait remettre en question des attachements, des croyances ou des engagements. Le ressenti intime constitue une vérité personnelle qui peut parfois se trouver en contradiction avec les comportements, les attitudes que nous proposons ou les choix de vie dans lesquels nous nous engageons.

La recherche de la vérité n'est pas une démarche évidente. Pour certains il est préférable de ne pas savoir, de ne pas voir, de ne pas entendre, car cela entraînerait trop de conflits intrapersonnels.

« Depuis quelques années, je découvre que je ne cherche pas la vérité en écoutant la radio ou la télé, je cherche la confirmation de ce qui me convient, de ce qui rejoint mes idées et, j'ose me l'avouer, de ce qui me rassure… »

« Je sais qu'elle me ment quand elle me dit être en week-end chez des amis. Mais je préfère la croire, je ne veux pas savoir si elle a un amant ou pas. Cela m'obligerait à faire des choses non par rapport à elle mais rapport à l'image que j'ai besoin d'avoir de moi : celle d'un type qui peut comprendre, qui par amour peut accepter l'inacceptable. Et pourtant tout cela me ronge ! »

La vérité d'une situation contient des contradictions parfois explosives. Ainsi, en recherchant la vérité sur ses origines, cet homme va rencontrer son géniteur et découvrir que la femme qu'il a aimée quelques années auparavant est en fait… sa demi-sœur !

Certains exigent non seulement la vérité, mais toute la vérité, comme si le fait de la posséder en entier était garant de sa valeur, mais ils vont hésiter à l'entendre dans sa totalité ou dans toutes ses conséquences.

Une fille interroge son père sur le divorce d'avec sa mère, quelque vingt ans auparavant, et exige : « Dis-moi la vérité, toute la vérité, qu'est-ce qui s'est passé exactement entre toi et elle ?

– Tu veux vraiment la vérité ?

– Je veux ce qui me fera le moins mal en pensant à toi, en pensant à elle.

– Alors je ne peux pas te dire la vérité, car nous nous sommes comportés à cette époque, l'un et l'autre, comme des sauvages sans pitié ! »

La vérité est à rechercher avec ténacité et à trouver avec courage et lucidité même si elle se révèle difficile à entendre.

# Météo intime

Il y a dans toute vie des moments de tempête, des raz de marée imprévisibles dont la violence nous étonne et nous déstabilise. Il y a des temps qui ne sont pas cléments, avec des bourrasques de doutes ou des rafales d'effrois qui vont meurtrir et déchirer des cieux de sérénité ou des périodes d'accalmie que l'on estimait avoir bien méritées.

Il y a aussi des saisons de vie plus ou moins longues, faites de grisaille, de brouillard, de froid, d'obscurité ou d'errance qui vont alterner avec l'apaisement de matins ensoleillés, des jours chargés d'opulence et de bienfaits.

Il y parfois des instants ouverts sur le bleu du ciel ou de l'espérance, des heures heureuses parcourues de brises légères, emplies de rire et d'amour. Il y a des moments de rencontres magiques et de partages passionnés que nous vivons à temps plein et dont nous gardons la nostalgie et prolongeons la trace dans une affection durable, que nous espérons indestructible, avant que des ouragans de pensées négatives ne viennent balayer tout cela !

Il y a encore de longues séquences d'incertitude ou d'attente et d'autres pleines de projets et saturées d'action.

Et il y a des vagues de bonheur qui nous transportent vers le chaud, le bon et le doux de nous-mêmes et nous ouvrent à l'abandon des échanges en réciprocité.

Ce qui fait que, pour chacun de nous, notre météo interne n'est pas toujours au beau fixe, qu'elle est sans cesse menacée de perturbations émotionnelles intimes, parcourue par les grands courants de l'amour, ébranlée par des zones de turbulences liées aux imprévus, aux projets qui se heurtent parfois à une réalité froide et fermée.

Les variations émotionnelles positives de notre météo intime, quand elles surgissent dans notre vie, sont soit vécues comme un miracle, soit attendues comme un dû quand elles se font trop attendre. Alors qu'elles ne sont que l'expression d'un bien-être (relatif) et le plus souvent la traduction d'un moment d'apaisement (provisoire) dans l'immense respiration du monde.

Notre météo intime va colorer, peser et marquer l'ensemble de nos relations, de nos attitudes et comportements avec autrui. Ses effets vont parfois s'imposer indépendamment de la réalité d'une situation et en modifier la finalité. On dit que le bruissement infime d'une aile de papillon à Valparaiso peut participer à la naissance d'un ouragan au-dessus de Singapour. Je crois qu'il en est de même pour nos états d'âme.

Tel ce geste vif que j'ai vu faire dans un restaurant par une femme d'affaires impatiente, qui écartait de la main, sans même lui accorder un regard, la serveuse lui présentant un menu. Geste qui ne m'était nullement adressé mais que j'ai reçu comme une gifle, qui m'a ébranlé et renvoyé à tous les rejets dont j'avais été l'objet dans ma vie.

Ou encore l'accusation de cet homme, me disant : « Vous gagnez beaucoup d'argent avec vos livres sur la tendresse, alors que le monde en manque beaucoup ! », ce qui m'a renvoyé à un maelström de doutes, à un gouffre noir frémissant de non-confiance, qui soudain réduisait à néant tout le soleil et la beauté du jour, en me laissant croire que mes livres au fond avaient peu de valeur, que le point de vue de l'autre est toujours supérieur au mien ou tout au moins plus important que celui que je peux émettre !

J'ai parfois le sentiment que le continent immense des pensées qui m'habitent est le lieu où se rassemblent, se focalisent toutes les composantes météorologiques indispensables et nécessaires à la production du mauvais temps qui perturbe parfois la totalité de mon être. « Vous êtes trop sensible ! » me dit-on, ou encore : « Vous prenez tout sur vous, comme si vous étiez responsable de tout ce qui arrive sur terre ! »

Je me veux sensible et j'espère le rester, mais je voudrais devenir aussi plus sélectif, plus lucide et plus vigilant pour ne plus être au centre des typhons et cyclones émotionnels qui ravagent en quelques instants mon bien-être, ma confiance, mes abandons possibles au plaisir du moment et à l'estime de moi.

# Oser et savoir dire non

Une relation vivante et en santé se construit autour de quatre pôles interdépendants les uns les autres, qui doivent être présents dans la durée d'une relation et qui sont garants de sa fiabilité : oser demander, oser donner, oser recevoir et oser refuser.

Chacun de ces points, malgré l'apparente simplicité de leur énoncé, constitue un repère délicat pour la plupart d'entre nous. Pouvoir demander sans accuser, sans culpabiliser l'autre, sans exigences déguisées… Pouvoir donner sans imposer, sans mettre en dette, sans étouffer… Pouvoir recevoir sans disqualifier, minimiser ou blesser… Pouvoir refuser sans rejeter, sans dévaloriser ou nier, mais dans l'affirmation de soi. Combien de fois ai-je rappelé ces quelques balises, combien de fois les avais-je transgressées tout au début de ma vie d'adulte ?

Prendre le risque de dire non est difficile, cette démarche va se heurter à un autosaboteur redoutable : la répression imaginaire.

Pour certains il est difficile de se positionner, de s'affirmer, de se différencier de l'autre (surtout d'un proche) en osant être en désaccord, en osant dire non. Et cela pour différents enjeux pas toujours conscientisés : la peur de faire de la peine, de ne plus être aimé, d'être rejeté, jugé ou encore par besoin impérieux de donner une image positive de soi, en voulant parfois apparaître comme quelqu'un de gentil, de généreux, de sociable, de toujours disponible.

Ainsi cette femme me disant : « Ma mère m'avait transmis très jeune le modèle suivant : "Tu sais, ma petite, on n'est pas aimé pour ce que l'on est, mais pour ce que l'on fait !" Ainsi pendant des années je me suis efforcée de me faire aimer non à partir de ce que j'étais réellement, mais en fonction de ce que je voulais montrer, c'est-à-dire une belle image de moi ! Une très belle image de moi qui bien sûr n'était pas moi. Et en étant toujours d'accord, je courais sans cesse après des marques d'amour…! »

Pour d'autres ce sera une auto-injonction inscrite très tôt dans l'enfance – qu'il faut être gentil, faire plaisir, satisfaire les attentes de l'autre même au détriment de sa propre cohérence, de ses valeurs ou de ses désirs !

« Mon mari acceptait mal quand je n'avais pas le même désir que lui. Je le voyais aussitôt se fermer, détourner le regard, devenir froid, soudain inaccessible. Cela m'épouvantait et me rappelait mon père qui à table était capable de devenir glacial, soudain étranger quand ma mère le contrariait. Alors moi je disais oui à tout… »

« Avec mes enfants, il m'est très difficile de dire non. J'ai l'impression d'être une mauvaise mère, qui va leur faire de la peine, qui va les traumatiser si je refuse… Je sais bien que je ne devrais pas dire oui à tout, mais je ne peux pas faire autrement. Et je m'en veux, je me punis en mangeant dans ces moments-là n'importe quoi, n'importe comment. »

Celui ou celle qui n'arrive pas à dire non ne sait pas qu'il déséquilibre la relation. Qu'un faux oui n'est pas fiable, qu'il se traduit par des pseudo-engagements ou des accords fragiles. Ainsi chacun pourrait s'interroger : « À quoi et à qui je dis oui, quand je ne sais pas dire non ? »

« Pendant des années j'ai accompagné mon mari au ski, il adorait cela, je lui ai laissé croire que moi aussi j'aimais cette activité. Quelque chose aurait dû m'avertir, m'alerter, je faisais régulièrement des herpès sur ma fesse gauche lors de ces séjours à la montagne. Comme si mon corps avait voulu me rappeler que je ne me respectais pas, que je n'étais pas en accord avec moi-même. Aujourd'hui j'ai appris à mieux me définir, mes herpès ont disparu ! J'accompagne mon mari à la montagne, mais il regrette encore le temps où "j'aimais faire du ski" ! »

En prenant le risque de dire non, nous prenons effectivement celui de décevoir, de frustrer l'autre, mais aussi de lui faire découvrir que nous sommes différents, que nous ne sommes pas au service de ses désirs, de ses besoins ou de ses attentes, que nous avons besoin de nous respecter en restant au plus près de nos valeurs. Ce qui peut nous aider aussi, c'est de prendre conscience que les demandes de l'autre ne sont que des exigences déguisées, auxquelles il n'y a qu'une seule alternative : les accepter sous peine d'entrer en conflit.

Dire non c'est non seulement se respecter, être fidèle à soi mais aussi confronter l'autre à sa responsabilité – s'il prend la liberté de faire une demande, il prend le risque de la réponse.

Apprendre à dire non nous apprend aussi à être plus congruents, en accord entre ce qui est dit et ce qui est fait, entre ce qui est ressenti et ce qui est exprimé.

## Construire la confiance en soi

Les bases les plus anciennes qui structurent durablement la confiance en soi chez chacun de nous semblent être liées à la qualité des relations proposées, vécues et intériorisées dans la petite enfance, en particulier avec notre entourage proche (parent, parentèle, scolarité). La confiance en soi n'est pas liée uniquement, comme beaucoup le croient, à l'amour dont nous avons été entourés.

Ce qui va inscrire en nous cette sécurité intime, cette force tranquille, cette façon paisible d'être au monde qu'on appelle la « confiance en soi », c'est la somme des messages positifs que nous aurons reçus et intériorisés (valorisations, gratifications, confirmations de nos qualités, de nos ressources, de nos limites aussi), des diverses façons dont nous avons été invités à nous positionner, à nous affirmer, à mieux nous définir. L'enfant, l'adolescent et le jeune adulte qui a été ainsi nourri par des regards et des échanges bienveillants, par une écoute et des gestes vivifiants et surtout par des partages peu conflictuels, a pu inscrire en lui, en plus d'une image positive, une vitalité dynamique, des énergies positives, de la confiance, de l'estime et de l'amour de soi qui le confirmeront dans ses ressources et ses capacités à affronter les péripéties et les imprévus de la vie.

Mais il y a aussi tous ceux (et ils sont nombreux) qui n'ont pas été suffisamment accompagnés ou soutenus dans leur enfance par des relations de qualité. Tous les ex-enfants qui ont reçu (en particulier dans leur cursus scolaire) trop de messages disqualifiants ou toxiques, qui ont été contraints de vivre dans un environnement peu fiable ou insécurisant, ceux-là ont certainement accumulé en eux trop de dévivance, ont été pollués ou chargés d'énergies négatives. Ceux-là ont perdu le plus souvent l'estime et l'amour de soi et par là même la confiance en eux.

Si nous sommes dans ce cas, il est toujours possible de se donner les moyens, quel que soit notre âge, de se réconcilier avec le meilleur de nous-mêmes, afin d'accéder à une confiance plus consistante, plus solide, plus cohérente. En particulier en s'appuyant sur quatre ancrages :

* Apprendre à s'aimer (non d'un amour narcissique, mais d'un amour de bienveillance).
* Apprendre à se respecter (à dire non et à ne plus se laisser définir par les autres).
* Apprendre à se responsabiliser (je ne suis pas responsable nécessairement de tout ce qui m'arrive, mais je suis responsable de ce que je fais avec ce qui m'arrive).
* Apprendre à rester fidèle à ses valeurs, à ses choix, à ses engagements de vie.

Le travail sur soi qui permet tout cela peut se faire par la mise en pratique de quelques règles d'hygiène relationnelle simples, accessibles à chacun, qui permettront de confirmer les bases d'une confiance en soi. Confiance qui aujourd'hui semble de plus en plus nécessaire, dans un monde en mutation, où les repères changent, où les certitudes se fragilisent, où les savoirs se renouvellent si vite qu'il devient difficile de les intégrer et d'en faire son profit. En intégrant quelques concepts issus de la Méthode

ESPERE®[1], en mettant en œuvre des outils et des règles d'hygiène relationnelle, applicables au quotidien, tant dans sa vie personnelle que professionnelle, il devient possible à chacun de construire sinon de reconstruire une confiance en soi fiable.

1. Voir note p. 19.

## Regarder un visage

Que voyons-nous exactement quand nous regardons celui ou celle qui nous parle ? C'est une question à réponses multiples, car tout dépend de qui regarde et de qui est regardé.

Quand nous regardons l'aimé(e) regardons-nous ses yeux qui disent l'indicible du feu de son regard, de ses attentes, de son plaisir, de son étonnement ou de ses déceptions, de sa lassitude ?

Que voyons-nous d'un nez, de la courbe d'un menton, du dessin d'une bouche, de la pudeur d'une oreille ? Que captons-nous d'un sourire, d'une moue, du pli rageur qui traverse un front ? Que gardons-nous du lissé d'un cou ou des bourrasques qui assaillent les pommettes dans les moments de tension et d'incertitude ?

Un visage peut être traversé de tant et tant de signes, peut nous envoyer tant de messages, tant d'appels ou de refus ! Un visage est un pays à lui tout seul, avec ces ciels d'orage ou de paix, avec ses collines secrètes, ses forêts profondes, ses rivières paisibles, ses cascades torrentielles, ses champs de coquelicots ou ses friches abandonnées ! On dit parfois de quelqu'un qu'il a le visage « fermé », qu'il reste « de marbre » ou d'un autre qu'il est « ouvert », « avenant »...

J'aime regarder le visage de ceux à qui je parle, je ne me

contente pas de les fixer dans les yeux ou de perdre mon regard au-delà de leur tête. J'ai parfois le sentiment, tout au long d'un échange, de parcourir tout un ensemble de paysages, en laissant mon regard errer sur les pommettes, je suis sensible aux angles, au modelé d'un front, à la fuite du cou et à bien d'autres chose encore.

J'accepte aussi de me laisser regarder, d'imaginer que l'autre aussi peut voyager sur mon visage, me découvrir ou se perdre sur un aspect qui le dérange ou le retient.

Nous engrangeons au cours d'un banal échange, d'un partage ou d'une joute oratoire un nombre infini de signes, dont certains sont des messages qui vont rester durablement.

Je me souviens encore, plus de soixante-cinq ans après, de la moue ou plus rarement du sourire de ma maîtresse d'école quand elle jetait un coup d'œil sur mes copies. J'ai inscrit en moi le regard que déposait sur moi cette infirmière du sanatorium où j'ai passé quatre ans, quand elle découvrait que je lisais en cachette sous mes couvertures avec une lampe de poche, bien après l'extinction officielle de la lumière ! Un regard qui disait à la fois : « Ne t'endors pas trop tard, prends soin de toi » et : « C'est bon de lire, n'est-ce pas ? »

Christian Bobin, qui a selon moi une écriture juste, nous invite à lire ceux que nous aimons : « Aimer quelqu'un, c'est le lire. C'est savoir lire toutes les phrases qui sont dans le cœur de l'autre, et en lisant le délivrer. C'est déplier son cœur comme un parchemin et le lire à haute voix, comme si chacun était lui-même un livre écrit dans une langue étrangère. »

C'est en lisant sur les visages que je me suis réconcilié avec la vie. Je décelais souvent un décalage entre les mots ou les comportements et ce que je décodais sur le visage. J'ai appris à faire plus confiance aux visages qu'aux affirmations et aux déclarations.

J'ai aussi appris à me regarder, car pendant longtemps je ne me voyais pas, je me lavais, je me brossais les dents, me peignais sans accorder aucune attention à mon visage. Je prends plus de temps aujourd'hui pour me rencontrer, pour me reconnaître. Et aussi pour me sourire, pour m'envoyer un petit clin d'œil amical, bienveillant, un encouragement fragile mais important pour affronter le jour qui vient.

Vous l'avez compris, j'aime regarder les visages, simplement accueillir ce qu'ils offrent ou retiennent. Les visages, qu'ils soient ouverts ou fermés, sont généreux et possèdent un éventail de possibles qui ne s'épuisent jamais.

## Je m'exerce à la zénitude !

Je m'exerce à la zénitude et c'est dur. Depuis le temps, cela devrait pourtant couler de source, être acquis, quand même, avec tout le travail que j'ai fait sur moi ! Mais comme j'ai parfois (parfois seulement) un caractère que l'on dit « de cochon », alors ma zénitude s'envole, disparaît et me laisse nu, démuni devant la vie.

Je dois dire que j'ai des impatiences, en particulier pour tout ce qui touche à des aspects de ma vie qui me paraissent essentiels. Quand ils sont maltraités ou niés par autrui ou, comme dirait un de mes fils : « Quand on vient te chercher… tu montes vite au créneau », je deviens alors irritable, tranchant, quelquefois intransigeant et donc blessant pour ceux qui m'entourent.

Surgit parfois dans mes comportements relationnels toute une dimension réactionnelle qui est en désaccord avec mes choix de vie, avec mes valeurs et surtout avec ce que je tente d'enseigner ou de transmettre. Je souffre par exemple de me laisser trop souvent envahir par des problèmes mineurs, de me laisser atteindre émotionnellement par des questions qui me semblent après coup puériles ou sans aucun intérêt et qui, si j'avais eu plus de recul, n'auraient pas agressé trop longtemps ma conscience. Je suis donc capable, avec beaucoup de sincérité et d'enthousiasme, de me polluer, de me gâcher une soirée ou toute une fin de semaine en remâchant une indignation, en refaisant cent fois dans mon crâne le scénario d'une situation pour montrer qu'il aurait été possible de dire, de ne pas dire, de faire ou de ne pas faire autrement, si seulement l'autre avait pris un peu de temps pour m'en parler, pour échanger, pour agir autrement, quoi !

Tout cela m'a paru durant très longtemps faire partie du lot quotidien de la vie, mais je découvre aujourd'hui que cela pose plus de problèmes non aux autres, mais à mon être intime, polluant et blessant des heures précieuses de ma vie. Car cela réveille en moi une structure paranoïde que je connais bien (vous savez, celui qui se sent persécuté pour un rien et qui alors se trouve en droit d'être pénible, hargneux voire persécutant à son tour !). Cette composante de ma personnalité est une vieille connaissance, qui serait risible si elle n'était si douloureuse.

Je croyais pourtant au cours de ces dernières décennies avoir jugulé, calmé et apaisé cette dimension persécutrice, récurrente, qui même si elle n'a pas une dimension pathologique grave reste trop envahissante, empoisonnante ! Je pensais avoir parcouru, après tant de parcours thérapeutiques, tant de formations aux relations humaines, un chemin suffisant pour ne plus me laisser envahir par elle. Mais comme disait ma grand-mère, qui semblait en savoir beaucoup sur la faiblesse humaine : « Où qu'on se tourne et aussi vite qu'on aille, on a toujours son derrière derrière soi ! » Ainsi mon avatar paranoïde semble, malgré mes efforts, toujours présent à l'arrière-plan de mes pensées, de mon imaginaire, de mes rêves de vie.

Pourtant aujourd'hui, mon aspiration la plus profonde c'est d'être moins réactionnel, plus souple, en un mot, plus zen ! Plus zen, c'est-à-dire capable d'accueillir les frustrations inévitables de la vie sans être déstabilisé, de pouvoir « encaisser » des incompréhensions, voire des injustices sans grimper tout de suite au sommet de l'indignation, d'accepter les déceptions les plus cruelles. Celles en particulier qui viennent d'amis, de proches, de ceux pour lesquels je croyais avoir fait beaucoup et qui, quelques années plus tard, sont capables de m'accuser, de me dévaloriser, de me prêter des gestes ou des intentions sordides, de vouloir m'abaisser, m'humilier. Je croyais que je pouvais entendre tout cela comme appartenant au vécu de l'autre et donc comme étant acceptable, dans l'ordre d'une réalité mouvante, versatile, imprévisible.

Être zen, ce serait ne plus m'autopersécuter avec des pensées parasites, ne pas m'angoisser pour des futilités, éviter de bloquer ma respiration, ne plus entendre dans ma tête la répétition en boucle de ce qui m'a été fait et qui n'aurait pas dû ! Bref ce serait être capable de relativiser, de prendre du recul, de garder le sourire, le regard clair, avec une impression de bon, de chaud tout à l'intérieur.

Être zen serait en somme rester présent au présent. Simplement cela : être vivant, entier, en paix, là où je suis, avec qui que ce soit, quel que soit l'endroit où je suis !

# La voie du milieu

Dans tout cheminement personnel, accepter de prendre et de suivre la voie du milieu est plus difficile qu'on ne peut l'imaginer. Il ne suffit pas d'affirmer avec une certaine dérision, comme certains pourraient le faire : « Je ne suis ni pour ni contre, bien au contraire ! » ou de se cacher derrière une difficulté personnelle pour ne pas prendre le risque de se situer, de se vouloir en accord avec les uns et les autres. Prendre la voie du milieu, c'est se libérer de la tentation de suivre la pente descendante ou la plus dégagée ou encore de prendre celle qui nous semble la plus naturelle parce que la plus connue.

Cela suppose un courage plus intime, celui de ne pas se laisser définir par les attentes, les peurs, les désirs ou les injonctions de l'entourage. De ne plus se laisser entraîner par les courants dominants, ni polluer par le politiquement correct ou piéger par des attitudes réactionnelles ou encore enfermer dans des comportements d'opposition. Cela veut dire aussi arrêter d'osciller entre des conduites stériles, alimentées par des révoltes sans but ou de se laisser engluer par une passivité morbide et paralysante, en résistant au laisser-faire et à la démission.

La voie du milieu se trouve dans un ancrage fait de l'acceptation de ce que nous sommes au présent et du courage de se confronter à la réalité telle qu'elle se présente, en sachant que tout est signe, que chaque événement a du sens, que chaque rencontre (comme chaque séparation) s'inscrit dans un tout dont nous sommes la partie provisoirement visible.

La voie du milieu suppose aussi que nous ayons trouvé un fil conducteur, un accord entre avant, maintenant et après. Autrement dit, que nous ayons clarifié les zones d'ombre de notre passé, que nous ayons accepté de nous réconcilier avec l'enfant que nous avons été en ayant effectué un nettoyage vigilant de la tuyauterie relationnelle avec les personnes significatives de notre enfance. Que nous ayons accepté de remettre en cause des croyances erronées, des savoirs en conserve devenus périmés face aux changements et aux découvertes nouvelles concernant les relations humaines. Cela demande un accord au présent entre nos pensées et nos actes, entre nos choix de vie et nos valeurs, entre nos ressentis et ce que nous exprimons, entre nos engagements et nos loyautés.

La voie du milieu conduit vers l'avenir sans l'idéaliser ou le diaboliser, elle trace son chemin en acceptant d'accueillir l'imprévisible, elle se nourrit de l'espérance dans le renouvellement de nos potentialités, de tout ce qui nous reste à découvrir de nos ressources encore méconnues ou inexplorées.

La voie du milieu n'est pas formatée à l'avance, elle s'invente, se dévoile, s'enrichit ou s'égare dans les labyrinthes de nos contradictions et de nos errances, sans jamais trahir son axe qui prend racine à la fois dans l'unicité et dans la part d'universel qui est en chacun.

Ainsi nous pouvons continuer à grandir de l'intérieur en acceptant de reconnaître et nos limites et nos possibles.

## La pseudo-générosité ou les faux généreux

La pseudo-générosité est plus répandue qu'on ne le croit. Elle fait souvent plus de violence que de plaisir à celui sur lequel elle se dépose.

Habituellement, celui qui est réellement généreux ne le crie pas sur les toits. Celui qui énonce à chaque occasion : « Moi je sais donner, je n'ai aucune peine à faire bénéficier ceux que j'aime de tout ce que j'ai, si quelqu'un est dans le besoin, je lui donne, s'il y a une chose que l'on ne pourra pas me reprocher ce ne sera pas de ne pas avoir été généreux ! », au-delà de ses paroles et de ses intentions hautement proclamées, celui-là donne en réalité fort peu !

Il en est d'autres (dans la même veine) qui donnent effectivement (parfois en abondance) mais tout ce qui ne leur coûte rien, ou qui n'a pas beaucoup de valeur pour eux. Ceux-là nous envahissent de leur bonté, nous gavent de tout ce dont nous n'avons pas nécessairement besoin, nous irritent et nous font fuir.

Le faux généreux nourrit sa propre image d'une fiction à laquelle il croit dur comme fer : « Je suis quelqu'un de bien, j'ai toujours le cœur sur la main ! » Le faux généreux va se révéler le plus souvent comme très frustrant, et déclencher chez l'autre ce que justement il ne souhaite pas : être vu comme radin et près de ses sous.

J'ai connu un faux généreux redoutable. Dès qu'il m'apercevait, il s'écriait : « Ah, j'ai quelque chose pour toi, il faudra que tu passes chez moi (ou à ma maison de campagne, ou à mon bureau), il y a un vieux vélo (ou un tracteur, un divan, un frigidaire, un ordinateur, un appareil photo – il n'osait ajouter – dont je ne sais que faire) qui devrait faire ton affaire ! Je l'ai gardé pour toi… » Ensuite il se plaisait à me harceler de recommandations, de précisions, de détails totalement inutiles, non seulement sur la nécessité d'avoir cet objet, mais aussi sur tous les usages que je pourrais faire de ce magnifique don, spécialement réservé à mon intention.

Le prix à payer pour une pseudo-générosité est le plus souvent très lourd. Car ensuite, il faut rendre compte du plaisir et de la reconnaissance que vous devez éprouver d'avoir bénéficié d'une telle offrande.

Il est des faux généreux qui sont de féroces culpabilisateurs, surtout si vous n'avez pas accepté leur don. Durant des mois, ils vous reprocheront d'avoir manqué là une occasion unique, de ne pas avoir saisi la chance de votre vie, de n'avoir pas eu la « générosité » d'accepter quelque chose de gratuit « que vous auriez pu donner si vous n'en aviez pas l'usage ! Que vous auriez pu garder en attendant d'en avoir besoin ; on ne sait jamais ce que la vie nous réserve ! ».

Que toute rencontre avec des pseudo-généreux ne nous fasse pas oublier combien c'est bon de recevoir et d'accepter ce qui vient vers nous comme une offrande réelle, un cadeau léger, libre de toute contrainte, offert dans la joie, reçu dans le plaisir.

# L'attente

Quand nous faisons le compte de la façon dont nous utilisons nos journées, dont nous vivons le temps dans les différents âges de notre existence, nous constatons que nous passons beaucoup, beaucoup de temps à attendre. Qu'elle soit volontaire ou imposée, l'attente est toujours un temps mis entre parenthèses entre réalité et imaginaire. L'attente peut être un espace vibrant d'impatience ou semblable à un brouillard opaque, glauque et sans goût, qui se dépose sur nous et nous immobilise, nous rend passifs.

La vie commence d'ailleurs par une attente impatiente, celle des parents, et en premier lieu de la génitrice envers le bébé qu'elle porte depuis de longs mois, du géniteur qui voudrait qu'il sorte au plus vite, pour libérer sa partenaire ! Attente plus ou moins bien vécue par le bébé.

Je sais, me concernant, que j'aurais voulu rester encore un peu dans le ventre, que ce tremblement du monde annoncé par les contractions est venu trop tôt, bousculant cet univers parfait (où je n'avais même pas besoin de faire des demandes !) dans lequel je me sentais si bien depuis neuf mois. J'ai eu du mal à accepter de me présenter, de venir au monde !

Par la suite, enfant ou adulte, je n'ai plus supporté l'attente, que je vivais comme un temps qui m'était volé. Enfant, j'attendais surtout d'être grand, pour pouvoir faire enfin ce que je voudrais (du moins j'imaginais que c'était cela être grand !). J'attendais aussi, toute la semaine, l'arrivée du jeudi (à mon époque), des grandes vacances, du film à épisodes du dimanche après-midi, au cinéma du quartier. Un peu plus tard, j'ai attendu le grand amour, celui que j'imaginais me reconnaissant, venant vers moi et m'emportant.

Toute notre vie est parsemée d'attentes innombrables : que le magasin ouvre ses portes, que la séance de cinéma précédente se termine pour que nous puissions entrer dans la salle, et dans les salles d'attente nous attendons que le médecin, l'ophtalmologue ou le dentiste veuillent bien s'occuper de nous.

Mais les attentes les plus douloureuses sont celles habitées de doutes, celles qui nous paraissent vaines ou dérisoires, dont nous anticipons et nions à la fois les déceptions à venir : « Peut-être va-t-il (elle) venir quand même ? », « Peut-être va-t-il (elle) m'appeler pour me dire : "Viens !" »

Il y aussi les attentes qui ne se découragent jamais car elles sont devenues semblables à des fixations que la réalité n'arrive pas à désespérer totalement !

« Enfant, j'attendais que mon père revienne. Il avait quitté ma mère en jurant qu'il ne reviendrait plus dans cet enfer, mais moi j'attendais qu'il revienne pour moi, pas pour elle ! »

« J'attendais que ma mère me prenne dans ses bras, j'attendais qu'elle me dise : "Je t'aime", j'attendais une marque d'attention, un compliment, un regard. J'ai été privée de tout cela, et cependant cette attente est toujours présente en moi. »

« J'ai attendu des années que mon mari cesse de boire, qu'il comprenne combien je tenais à lui et combien je souffrais de le voir se détruire, j'ai attendu jusqu'au moment où j'ai compris que l'alcool était sa relation principale, que je ne venais qu'en seconde position dans sa vie et peut-être même en troisième place, après son travail. Moi qui dans ma famille avais toujours eu la première place ! »

Les attentes impossibles sont souvent les plus tenaces, les plus désespérantes, quand nous attendons de l'autre ce que justement il ne peut nous donner !

Il y a aussi des attentes douces et joyeuses, des attentes-prémices dans lesquelles nous anticipons avec plaisir tout le bon de la rencontre. Des attentes sur lesquelles ne plane aucun doute quant à leur réalisation : « Je sais qu'il viendra et qu'il sera heureux de me voir. Dès le premier regard je lirai mon propre plaisir dans ses yeux, j'écouterai en moi ses propres émois quand il me verra là, impatient avec mon attente ouverte, accueillante… »

Une attente est souvent un moment d'espérance et quelquefois un moment stérile, un temps mis entre parenthèses qui se déclenche mentalement et ne s'achève que par la réalisation ou le renoncement.

Si nous ne comblons pas nos attentes avec notre imaginaire, nous pouvons les accompagner avec un bon livre, ce que je fais très souvent. Merci à certaines de mes attentes qui m'ont permis de rêver et de découvrir quelques livres magiques.

## Le devenir de nos paroles et de nos actes

Dès le réveil et à tout moment d'une journée, nous posons des actes qui nous concernent directement ou qui vont concerner de façon plus ou moins directe autrui. Nous exprimons des paroles, nous proposons des interactions verbales, corporelles, gestuelles qui vont avoir, suivant la façon dont elles vont être accueillies et reçues, un impact positif ou négatif et rejoindre ainsi le meilleur de l'autre ou le blesser, le stimuler ou l'inhiber.

Mais savons-nous qu'une des règles d'hygiène relationnelle parmi les plus importantes est de savoir que c'est celui qui reçoit le message qui lui donne un sens ?

Il se trouve que nous n'avons pas toujours la disponibilité ni l'écoute ou simplement la sensibilité pour évaluer l'impact et le retentissement de nos paroles sur autrui. La plupart du temps nous avons peu de moyens pour entendre ou comprendre comment notre message sera entendu ! Nous avons au contraire, très souvent, beaucoup d'aveuglement concernant leur impact. Nous sommes comme sourds, trop souvent incapables d'entendre ou de percevoir la résonance d'un mot, d'un geste ou d'un commentaire sur le passé ou le présent de notre interlocuteur, ignorant sa sensibilité ou le réveil possible de blessures, touchant maladroitement la vulnérabilité de celui qui est en face de nous.

Autrement dit, nos paroles et nos actes, s'ils se vivent au présent, ont aussi un devenir durable en termes de retentissement qui souvent nous échappe. Il faut savoir également que l'autre ne se comporte pas en fonction de ce que nous avons dit ou de ce que nous sommes, mais en fonction de ce qu'il entend, retient et surtout de la façon dont il nous perçoit ce jour-là, ouvert ou fermé, disponible ou ailleurs, généreux ou frustrant. Ce qui, par un effet de retour, provoque souvent en nous, quand nous découvrons l'effet de nos paroles ou attitudes sur l'autre, de l'étonnement, de l'amertume ou de l'indignation et parfois aussi de la culpabilité.

« Jamais je n'aurais cru que ce que j'avais dit à ma sœur, quand elle avait neuf ans, puisse avoir un tel effet sur elle. En jouant au docteur avec des petits voisins, j'avais lancé à la cantonade, pour épater mes copains : "Ma sœur, on se demande toujours d'où elle vient ! C'est la seule blonde de la famille, chez nous on est tous bruns !" Je n'avais pas compris que cela avait retenti sur les doutes que ma sœur avait sur ses origines. Je n'avais jamais fait le lien avec l'agressivité qu'elle avait depuis ce temps-là envers moi. Jusqu'au moment où nous en avons parlé, trente-cinq ans plus tard. Il y avait eu, la veille où nous avions joué ensemble, un reportage à la télé sur les enfants conçus durant l'Occupation avec des Allemands, tous blonds et robustes, et dans notre quartier circulaient des bruits sur les femmes qui avaient couché avec des "boches", comme on disait à l'époque. Et ma sœur avait porté durant des années la honte que l'on puisse penser qu'elle pouvait être la fille d'un Allemand ! »

« Ma femme répétait à toutes ses amies que je ne voulais pas d'enfant, alors que j'avais seulement dit que je ne me sentais pas prêt pour devenir père ! Que j'avais besoin d'un peu de temps, pour apprivoiser en moi cette possibilité et toutes ses conséquences. Le fait qu'elle témoigne de notre intimité devant des étrangers m'a longtemps blessé et a contribué à nourrir des blocages chez elle et chez moi. Nous n'avons pas eu d'enfant ensemble et cela nous a séparés. »

« J'ai entendu ma mère dire à une voisine, alors que je venais d'avoir sept ans : "Depuis que j'ai perdu son père je me suis remise à travailler." Et moi, au lieu d'entendre qu'elle était veuve, j'ai surtout reçu comme un choc et amplifié le mot "perdu" et j'ai tout de suite pensé que c'était ma mère qui était allée perdre mon père dans la forêt, comme dans l'histoire du Petit Poucet. Je me suis mis à la détester et pendant des années, je ne rentrais pas de l'école directement à la maison, je faisais le tour de la ville, essayant de retrouver mon père perdu ! »

En affinant notre écoute, en regardant surtout celui ou celle à qui nous parlons, nous pouvons mieux percevoir l'impact en eux de ce que nous leur disons. Nous pouvons nous donner ainsi plus de chances de mieux communiquer, de mieux partager.

# Points de focalisation, de fixation ou de cristallisation

Il arrive parfois que, dans une relation entre deux personnes, des accusations, des reproches récurrents s'installent. Chacune de ces accusations est souvent fondée, elle peut s'appuyer sur des faits, des paroles, des comportements constatés, chez l'un comme chez l'autre. Parfois même à l'aide de points de repère précis, pour la plupart exacts, pris dans un contexte vérifiable, confirmés par des échanges, validés à partir d'une réalité incontestable.

Ainsi l'un sera atteint, déstabilisé, parce qu'un engagement pris n'a pas été respecté ou qu'il a perçu le comportement de l'autre, ses paroles ou ses commentaires comme le visant directement de façon blessante ou irrespectueuse. En face, il peut arriver que l'autre ne se reconnaisse pas dans cette perception négative de lui comme étant capable d'avoir dit, d'avoir fait cela. Il souffre des intentions qu'on lui attribue et à son tour ne se sent ni entendu, ni compris, ni reconnu, ni accepté comme il se perçoit. Un cycle infernal est enclenché, le contenu de tout échange va ainsi être perverti, pollué, s'engluer dans des autojustifications sans fin autour de ce qui aurait dû être fait ou pas fait, dit ou pas dit, entendu et compris par l'un ou par l'autre !

En fait le contenu réel du malaise, du malentendu ou du conflit porte la plupart du temps (sans que cela soit énoncé clairement) sur des attentes implicites. Ces attentes non dites, car ressenties comme allant de soi, sont évidentes pour l'un et le plus souvent méconnues ou pas suffisamment valorisées par l'autre, principalement du fait qu'il ne les entend pas !

J'appelle « point de cristallisation ou de fixation » la focalisation sur des ressentis personnels autour desquels deux protagonistes ne s'accordent pas et vont mutuellement se blesser. Ressentis sur lesquels il est vain de vouloir s'entendre, car ce point aveugle n'est que le symptôme d'une problématique qui se joue ailleurs. En général dans une des zones sensibles, vulnérables ou blessées de l'histoire personnelle de chacune des personnes impliquées.

Qui lâchera prise, qui renoncera à se justifier, à continuer d'être persuadé que son point de vue est le bon, le plus juste, le plus correct par rapport à celui de l'autre, que son attitude était tout à fait justifiée, évidente dans telle ou telle circonstance ? Ce lâcher-prise est rare, c'est ce qui explique que ces situations risquent de s'enkyster durablement et ainsi blesser profondément et durablement l'une et l'autre des personnes concernées.

« Elle m'avait pourtant dit qu'elle prendrait en charge la moitié des frais de déplacement mais quand nous sommes arrivés, elle a contesté cet arrangement, disant que la décision de voyager en première classe avait été prise par moi. Que je l'avais bien informée, mais qu'au fond d'elle-même elle n'était pas d'accord avec cette façon de faire et que j'aurais dû comprendre son malaise ! »

« Il m'a accusée de lui avoir fait un enfant dans le dos. Lors de notre relation sexuelle, je l'avais pourtant prévenu que ce jour-là j'étais en période d'ovulation, mais il a prétendu que j'en avais parlé trop tard, qu'il n'avait pu se retenir, que j'étais donc seule responsable de cette situation et que c'était à moi de prendre toutes les dispositions nécessaires pour faire "passer" cet enfant. Cela m'a révoltée. J'ai décidé de garder l'enfant, mais depuis il ne cesse de me reprocher de l'avoir berné... »

« Nous étions bien d'accord, du moins je le croyais, que dès qu'il aurait terminé ses études, nous partirions faire le tour du monde, tous les deux, en amoureux. Ses études sont terminées depuis plus de dix ans et nous n'avons pas fait un seul voyage ensemble... »

Dans chacune de ces situations chacun argumente, fait la preuve qu'il est sincère, que c'est l'autre qui n'a pas tenu son engagement ou n'a pas compris son sens exact, son importance. Le point de cristallisation est lié à l'impact sur l'image de soi, réveille une situation inachevée, réactive une blessure infantile qui se remet à « saigner » tout à l'intérieur, sans être facile à repérer. C'est ce qui explique la répétition et la récurrence de certains conflits ou malentendus dans les relations proches.

## Les saboteurs du bonheur

Ils sont plus nombreux qu'on ne peut l'imaginer. Bien sûr il y a tout autour de nous, et nous en connaissons tous, des enthousiastes, des émerveillés, des insatiables doués pour le bonheur. Il y a des êtres capables, dans chaque événement, chaque rencontre, d'accueillir et goûter le bon ou le merveilleux qui peut surgir d'une situation, de trouver matière à s'enflammer et à nous offrir leur contentement et leur joie. Il y a des gens qui ont le bonheur à fleur de peau et c'est un plaisir toujours renouvelé que de les rencontrer. Mais il existe aussi des saboteurs, des empêcheurs de bonheur, des pisse-vinaigre qui suintent l'aigreur, l'accusation, le reproche, qui ne voient que le négatif, le mauvais, le pas bon, qui mettent en avant tout ce qui ne va pas, ce qui manque ou ce qui ne s'est pas passé ! Il y a tous ceux qui sont d'une habileté incroyable pour voir dans chaque circonstance de la vie un tremplin au malheur, une caricature de l'existence. Il y a tous ceux qui savent ridiculiser, disqualifier ou encore démolir, réduire à néant les actions, les paroles ou les réalisations de ceux qui les entourent.

Ce qui est remarquable chez les saboteurs du bonheur, c'est leur apparente sincérité, l'affirmation d'une bonne foi inébranlable dans leur jugement ou l'opinion qu'ils ont sur les êtres et les choses et surtout sur eux-mêmes. Ils ne savent remettre en cause ni leur regard, ni leur écoute, ni cette sensibilité particulière qui leur fait percevoir en premier le mauvais (qui existe parfois bien sûr) de la vie. Ils font feu de tout bois, du plus petit incident ou détail qui va leur confirmer qu'à l'évidence « ça ne va pas bien ! Ce n'est pas comme ça que cela aurait dû se passer ! Décidément j'ai eu bien raison de me méfier et de dénoncer par avance ce qui n'allait pas tarder à arriver ! De toute façon la vie est difficile, on n'est pas sur terre pour être heureux, sinon cela se saurait !!! ».

Mettre en exergue ou au premier plan tout le négatif de l'existence est pour eux une activité à temps plein. Ils sont d'une certaine façon des prédateurs du bien-être. Ils se croient lucides, « à moi, on ne la fait pas, je sais ce que je sais, j'en ai vu d'autres ». Ils se voient comme des justes et des malins (il ne faut pas se laisser avoir), ils se veulent impitoyables dans leurs critiques (pas d'excuse, pas de quartier, pas de demi-mesure), dans leurs affirmations. Ils sont infatigables et persuasifs (pas de repos) dans leurs argumentations.

Au fond d'eux-mêmes, les saboteurs du bonheur sont comblés, heureux et satisfaits, surtout d'eux-mêmes, et cela d'autant plus qu'ils ne sont pas satisfaits des autres et de la vie. Ce qu'ils voient autour d'eux les confirme dans la justesse de leur vision. Ils se nourrissent et se dynamisent de leur propre déception, de celle qu'ils suscitent, du découragement et de l'affliction qu'ils provoquent : « Tout est noir, tout est sombre et triste, moi seul sais et vois que c'est noir, sombre et triste ! »

Il y a peu de remèdes à opposer aux empêcheurs de bonheur, leur personne, comme leurs messages, sont rapidement toxiques et nous polluent dès que l'on se trouve dans leur environnement ou à proximité de leurs commentaires. Il ne nous reste qu'à utiliser nos ressources pour les fuir, trouver la bonne distance et les laisser mijoter, fermenter dans leur catastrophisme et se gargariser de leur propre affliction.

Les empêcheurs de bonheur sévissent dans tous les milieux.

Ils sont masculins ou féminins, ont tous les âges. Ils ne s'améliorent pas en vieillissant et s'accrochent avec une vitalité étonnante à démontrer que « la vie, vraiment, n'est pas ce qu'elle devrait être et de toute façon elle ne vaut pas la peine d'être vécue (par les autres) sinon pour en dénoncer les insuffisances ».

# Autosabotages à répétition

> « La folie est de se comporter toujours de la même manière et de s'attendre à des résultats différents. »
>
> Albert Einstein

J'ai reçu cette lettre d'une inconnue : « Je suis avec un homme qui se comporte comme s'il m'aimait. Mais je n'arrive pas à lui faire confiance. Il vit en couple avec une autre femme depuis onze ans. Il me jure qu'il n'y a plus d'amour entre eux. Il dit qu'il m'aime et même qu'il veut se marier avec moi. Mais il ne dit jamais quand. Dernièrement j'ai vu, dans son téléphone portable, un message qu'il avait envoyé à une autre femme : "Je t'aime, tu es merveilleuse. Je veux te rendre heureuse..." Et aussi un autre message qu'il avait reçu d'une autre femme : "Un petit bisou, coucou, je t'attends, viens vite." Il me jure qu'il n'y a rien entre lui et la première femme du portable et affirme, avec beaucoup de sincérité, que la deuxième s'est certainement trompée de numéro en lui envoyant ce SMS. Hier soir, quand nous étions tout proches, il a reçu un autre SMS. Je lui ai demandé de me laisser voir. Il a refusé et s'est emporté. Il dit que je dois changer, arrêter d'être sans cesse méfiante, que je dois lui faire confiance. Que je suis cinglée et que je dois apprendre à contrôler un peu plus ma méfiance ! Je me demande pourquoi il est comme ça avec moi. Aidez-moi. » Malheureusement la signature était illisible et il n'y avait aucune adresse pour répondre à la demande d'aide de cette personne.

Que ce soit dans le contenu ou dans la forme, je vois dans ce courrier l'exemple même d'une succession de comportements qui sont autant d'autosabotages que s'inflige cette personne. Autant de questionnements erronés qui vont la maintenir dans la souffrance et le désarroi et surtout dans une dépendance sans fin. Dépendance non à l'autre, mais à elle-même, à des conduites récurrentes qui mobilisent l'essentiel de ses énergies chaque fois qu'elle tente de comprendre les comportements de l'autre, au lieu de rester centrée sur elle-même et d'utiliser ses ressources pour mieux se différencier et surtout pour ne plus se laisser définir par les différentes injonctions ou disqualifications que lui envoie cet homme. Comment lui sera-t-il possible, si elle entretient ce système relationnel, de prendre le risque de se faire confiance et non à cet homme ? Comment lui sera-t-il possible d'entendre et de respecter ce qu'elle ressent au lieu de s'interroger sur le pourquoi des conduites et des messages contradictoires que l'autre dépose sur elle ?

Une des questions parmi les plus pernicieuses, en matière de relations humaines, semble être celle qui se focalise sur le comportement de l'autre : pourquoi ? « Mais pourquoi a-t-il fait cela ? Pourquoi a-t-il dit ceci ? Pourquoi m'a-t-il laissée croire qu'un jour on pourrait vivre ensemble, alors qu'il m'a dit qu'il ne quitterait jamais sa femme ? » Ce « pourquoi » nous décentre, car il est tourné vers la recherche d'une explication du comportement ou de la conduite de l'autre. C'est une question que nous déposons sur lui, l'invitant implicitement à nous rassurer, à nous fournir une justification, une explication logique ou à nous confirmer que nous nous trompons, que ce que nous disent nos sens, notre ressenti ou notre sensibilité propre est hors de propos ou même erroné !

« Mais pourquoi me dit-il qu'il m'aime, alors qu'il dit la même chose à une autre ? »

« Pourquoi m'assure-t-il qu'il voudrait un enfant de moi, alors qu'il me demande de prendre la pilule ? »

« Pourquoi s'acharne-t-il à me cacher la vérité alors qu'il "s'arrange" quand même (avec ma collaboration) pour me la montrer ? »

Il est commun de dire que l'amour est aveugle. Je ne crois pas qu'un amour soit aveugle. L'amour nous rend sensibles et c'est paradoxalement l'intuition de notre propre lucidité qui nous oblige d'une certaine façon, à l'évidence, à devenir sourds et aveugles, pour ne pas entendre et voir l'inacceptable !

De plus, certains d'entre nous restons trop souvent prisonniers d'une illusion particulière, celle de croire en la toute-puissance de notre propre amour. En pensant que si nous aimons, grâce à notre amour, l'autre ne peut quand même pas continuer à nous tromper ! Qu'il va changer de comportement ! Qu'il va prendre conscience qu'il nous fait souffrir ! Et donc nous continuons à vouloir être rassurés par des réponses à nos « pourquoi » !

Ainsi se développe tout un cycle d'aliénations dont nous sommes les artisans, doués d'une habileté extraordinaire pour les entretenir durant de longues années !

Toutes les amours, bien sûr, ne se déroulent pas ainsi, même si sachant leur vulnérabilité, nous pressentons qu'il nous faudra des accommodements raisonnables pour tenter courageusement, pathétiquement parfois, de les maintenir vivantes, en nous et entre nous.

## La crédulité

La crédulité est un ressenti complexe s'appuyant sur la croyance de certains, qui annule tout sens critique, d'accueillir comme vrai quelque chose qui en a seulement l'apparence ! Tout se passe comme si c'était le crédule qui voulait à tout prix que ce qu'on lui dit, ce qu'on lui propose, soit vrai. En face, l'autre n'a pratiquement aucun effort à faire, sinon d'affirmer avec beaucoup de certitude et de sincérité que ce qu'il présente comme vrai est tellement vrai qu'il n'a pas besoin de preuves à l'appui. Ainsi une personne non crédule sera dans le doute, sentira plus ou moins confusément que ce qui est avancé pourrait ne pas être vrai, alors que le crédule a besoin que ce le soit ! C'est ainsi, le crédule est rarement trompé par l'autre, mais surtout par lui-même.

« Plein de signes auraient dû m'alerter. Même des amis ont tenté de me prévenir, mais je n'ai rien entendu, j'avais tellement besoin de croire que c'était possible ! »

« J'avais bien entendu qu'il avait des tas de dettes et qu'il lui serait difficile de me rembourser, mais je lui ai quand même prêté cette somme d'argent, qui maintenant me fait défaut. »

« Chaque fois que je décrochais le téléphone et qu'une voix de femme au bout du fil demandait à parler à mon mari, celui-ci adoptait instantanément une attitude indifférente, il prenait la communication, balbutiait quelques borborygmes, puis en raccrochant se donnait la peine de m'expliquer qu'il s'agissait d'une collègue, d'une étudiante qui n'aurait pas dû le déranger pour si peu... En fait, j'avais fixé une frontière à ma crédulité, je l'ai compris plus tard. Je savais que mon mari aimait les femmes et je pensais que très certainement il avait des relations lors de congrès, colloques ou autres rencontres professionnelles, mais jamais dans la ville où nous vivions. J'avais besoin d'avoir cette croyance-là, cela me rassurait. Tout en me donnant, à mes propres yeux, l'image d'une femme tolérante, libérale, pas du tout contrôlante, comme certaines de mes amies ! Quinze ans plus tard, quand j'ai découvert que toutes mes copines et connaissances, sans exception, avaient été ses maîtresses, je me suis effondrée. J'ai fait une dépression nerveuse. J'ai compris à ce moment-là que ma crédulité avait été comme une béquille ou un mur de protection contre ma propre fragilité, un puissant besoin d'éloigner une menace inévitable. »

La crédulité semble répondre à plusieurs besoins. Un besoin lié au maintien d'une image que certaines personnes veulent à tout prix avoir d'elles-mêmes : « Je me vois comme quelqu'un qui fait confiance, je suis un homme qui n'est pas méfiant ou paranoïaque comme mon père l'a été », « Je suis une femme à l'esprit large, super-tolérante, qui ne fait pas d'histoire pour rien... »

Un besoin aussi de protéger l'autre ou de l'idéaliser : « Je suis sûr qu'elle ne me trompera jamais, elle est trop droite pour cela » ou un souhait masqué de mettre à l'épreuve : « Avec moi il ne fera pas comme il a fait avec sa première femme. »

Le crédule ne supporte pas de douter. Sa croyance que l'autre se comportera comme il prétend le faire et qu'il tiendra ses engagements le libère de ses peurs et diminue son insécurité : « Elle me disait que j'étais le seul homme de sa vie et cela suffisait à m'apaiser. »

À l'opposé, l'incrédule, qui doute de tout, est tout aussi anxieux, mais lui a le sentiment qu'il peut contrôler son anxiété en évitant d'être déçu, donc en évitant de s'engager !

Autour des crédules grouille toute une foultitude de profiteurs, d'escrocs habiles en promesses qui font miroiter mille avantages et résultats extraordinaires, si on suit leurs conseils, si on entre dans leurs projets, si on leur fait confiance ! Il semble qu'avec l'âge, le sens critique diminue chez certaines personnes, qui deviennent plus crédules, plus vulnérables et se laissent plus facilement circonvenir. D'où les abus de confiance dont les personnes plus âgées sont l'objet et qui blessent profondément leur quiétude et leur confiance dans la vie.

# L'attente du bonheur

Nous sommes à tout âge en attente du bonheur. Ce bonheur qui nous paraît si désirable, aux potentialités infinies, virtuelles ou réelles, visibles ou invisibles et trop souvent inaccessible à notre volonté. Nous pressentons, sans pouvoir toujours les saisir, les possibles du bonheur comme étant présents en nous, disponibles, parfois complices, désireux (du moins nous l'espérons) de nous privilégier et de se prolonger en nous, pour nous combler.

Il ne faut pas croire que le bonheur passe toujours par le mieux-être physique ou psychique ou le bien-être matériel. Il recherche surtout des moments de grâce, au détour d'une rencontre, dans la fugacité d'un regard ou le murmure d'une écoute, puis disparaît sans que nous puissions le retenir. Cela nous le savons sans vouloir toujours le reconnaître.

Le bonheur emprunte des voies détournées, surprenantes, pour se manifester ou se dérober. Certains vont tenter, par différentes stratégies et croyances, de séduire ces clins d'œil du bonheur qui leur paraît parfois trop désinvolte et inconstant, en donnant à l'autre, un proche, un être aimé, la mission implicite de les rendre heureux, de « faire » leur bonheur ! Souvent même à travers une sorte de troc, énoncé silencieusement : « Puisque je t'aime tu dois me rendre heureux » ou encore :

« C'est bien toi que j'ai choisi pour être heureux avec toi, donc tu ne dois pas te dérober à cette mission ! »

La quête du bonheur se fait souvent à travers un combat quasi permanent contre l'angoisse, contre l'évidence d'une solitude toujours à l'affût et d'une désespérance envers l'avenir qui parfois ressemble à un désespoir sans issue. Aujourd'hui les liens familiaux se diluent, les contacts sociaux sont de plus en plus superficiels et éphémères, l'espace relationnel qui s'est agrandi aux dimensions de l'univers est devenu en même temps plus fragile, moins intime, moins comblant, ce qui fait que le besoin d'un bonheur personnel, à la demande, s'amplifie, devient quasiment une exigence ! La recherche du bonheur peut se travestir en besoin de réussite professionnelle, amoureuse, de performances physiques, d'enrichissement, d'accumulation de biens, avec le risque de perdre son âme pour faire la preuve de son existence.

Nous vivons dans un environnement social et culturel où le bonheur a tendance à se morceler, à s'éparpiller en miettes de plus en plus éphémères, si nous ne restons pas vigilants. Même le corps à corps des rencontres amoureuses semble devenir plus fugace, moins charnel, plus virtuel et distancié.

« Devant la télévision, je caresse des yeux les seins de l'héroïne et distraitement l'épaule de ma compagne endormie près de moi… »

« Je suis près de lui et en même temps ailleurs, mes différents sens répartis dans tant de rôles différents, avec des gestes stéréotypés, comme présélectionnés ! »

Sur le plan des engagements affectifs, émotionnels, relationnels, le combat décrit par Boris Cyrulnik entre la filiation (les attachements du début de la vie) et l'alliance (les engagements amoureux, conjugaux), qui autrefois nous contraignaient un jour à nous éloigner, à quitter ceux qui nous ont aimés et qu'on aime toujours (papa, maman), pour apprendre à aimer autrement (un étranger, une étrangère, une femme, un homme, avec qui nous souhaitons vivre une relation d'amour), ce combat semble nié, sans valeur. On veut tout, on veut garder les uns et les autres, dans une sorte d'attachement indifférencié : « Moi je vous aime pareil, il ne faut pas me demander de choisir. » Ainsi l'amour se dépassionnalise, il est devenu plus rationnel, plus tiède aussi, peu défini, mou, sans aucun goût !

Mais la quête du bonheur demeure, reste vivace chez beaucoup. Aujourd'hui elle s'investit trop souvent dans une fuite vers l'imaginaire, vers le virtuel, elle se coupe de la réalité et nous laisse au bord de la route, toujours plus insatisfaits, un peu plus amers, souvent déçus.

Malgré tout cela, j'ai envie de dire à chacun que le bonheur est toujours à inventer avec les ressources du quotidien, avec les fleurs de l'imprévisible, avec les rires de l'inattendu et les plaisirs de l'étonnement.

## Faire face à l'inhabituel, à l'extraordinaire

Il y a dans toute existence humaine et pour chacun d'entre nous la rencontre possible avec des phénomènes atypiques, étranges, qui dépassent notre entendement, qui bousculent nos sens, fragilisent nos perceptions ou déconcertent nos références et que nous pouvons ressentir comme irréels, insensés, c'est-à-dire hors de nos sens habituels, hors réalité.

Face à des événements insolites qui peuvent nous sembler n'entrer dans aucun des schémas habituels ou connus de nos outils conceptuels et nos moyens de perception, nous sommes le plus souvent très démunis. Démunis pour les accepter et surtout pour les assimiler, les intégrer, les relier à des phénomènes déjà vécus, ce qui nous permettrait d'expliquer leur apparition ou leur présence dans notre vie, d'en percevoir le sens ou la signification dans notre existence. Non seulement démunis mais inquiets sinon angoissés, doutant de notre propre perception ou de nos ressentis, avec la tentation du déni, refusant de reconnaître et d'intégrer l'expérience subjective qui nous submerge. Nous aurons ensuite, si nous prenons le risque d'en parler à notre entourage, à affronter des réactions plus ou moins négatives, voire rejetantes, de nos proches qui s'inquiètent ou qui banalisent, veulent nous rassurer, nous faire entrer à nouveau dans un mode d'explicitation rationnel et logique et réintégrer ainsi l'exceptionnel ou l'inouï dans un cadre rassurant.

Faire face à l'inhabituel, à l'extraordinaire, supposera de notre part du courage. Le courage d'être soi-même, qui s'appuie sur quatre ancrages susceptibles de favoriser une assise et une cohérence face au surgissement de l'imprévisible : savoir écouter et respecter notre ressenti, trouver la bonne distance avec notre entourage et accepter notre unicité.

Ainsi ceux qui ont pu témoigner de leur expérience intime et surprenante de mort imminente, de prémonitions autour d'événements plus ou moins douloureux qui se sont révélées exactes, de changements d'état de conscience, de décorporations, de visions, de translations dans l'espace ou plus simplement d'anticipations et de corrélations qui ont été confirmées par les faits, ceux-là savent combien il est difficile d'oser accueillir ce type d'expériences et de les intégrer dans leur quotidien. Ils savent combien il leur faut puiser dans leurs ressources pour ne pas accepter de paraître affabulateurs ou délirants et en même temps prendre le risque de rester ouverts, de lâcher prise sur le rationnel, le logique, l'explicatif qui voudrait s'imposer à eux avec d'autant plus de force que ce qui survient est déstabilisant, choquant, voire menaçant.

Quand il nous arrive de nous égarer dans quelques-uns des labyrinthes de notre esprit, de plonger dans les remous obscurs de notre conscience, quand surgissent des images, des séquences de vie, des souvenirs qui ne sont pas les nôtres, mais qui s'imposent à nous avec une force et une violence si décapantes que cela nous fait douter de notre raison, il faut avoir le courage de respecter son ressenti, de faire confiance aux ressources inattendues de notre esprit, de nos possibles.

Au-delà de l'intérêt et de la prise en compte par des chercheurs de phénomènes que l'on appelait autrefois « parapsychologiques » ou « paranormaux » et qu'il devient plus habituel d'appeler « extraordinaires » ou « inexplicables », nous pouvons rester ouverts et sensibles à quelques manifestations étranges de la vie qui surgissent dans notre existence.

Nous savons que nous sommes le plus souvent seuls à affronter cette part d'indicible qui navigue en nous, à vivre avec ce qui n'est pas encore un savoir directement accessible à notre intelligence ou à nos sens, mais qui témoigne par les bribes qu'il dépose en nous d'un immense potentiel qui se dit, qui se parle avec des langages et des manifestations dont nous ne maîtrisons pas le code. Nous sommes ainsi renvoyés à ce que j'appelle, faute de mieux, la « part du cosmique » – d'autres diront « du divin », pourquoi pas – qui nous rappelle que notre « humanitude » fait partie des ressources infinies de l'univers.

## J'apprends

Je ne cesse d'apprendre, même quand cela me bouscule,
même quand je ne le sais pas, même quand je ne veux pas savoir.
J'apprends tous les jours et même dans mes nuits.
J'apprends que j'ai des zones d'ombre et d'aveuglement
qui ne laissent pas pénétrer
ce que pourtant je m'acharne à comprendre.
J'apprends à chaque instant que je croyais savoir beaucoup de choses,
mais pas nécessairement les choses les plus nécessaires à ma vie.
Parfois j'apprends vite et quelquefois plus lentement.
J'apprends des choses dont je ne savais même pas l'existence,
et d'autres encore dont je pensais n'avoir jamais besoin.
J'apprends surtout à vivre autrement.
Avec l'âge j'apprends à apprivoiser mon souffle qui se dérobe parfois,
à écouter les tâtonnements d'un inspir quand il se retient et suspend l'instant,
le temps d'une imperceptible éternité.
J'apprends à accueillir un expir qui me rassure
et me permet de recevoir à nouveau une inspiration bienfaisante.

J'apprends que je suis devenu plus vulnérable aux risques de la vie.
J'apprends à regarder mes mains,
à rester songeur devant les veines de mes bras
qui dessinent des sillons et des rivières en relief.
J'apprends à accepter les taches sur mes mains et sur mon visage,
les ridules autour de mes yeux, ce pli de fatigue, déposé au coin de ma bouche,
qui ne me quitte plus depuis quelques années.
Et ces légers tremblements de ma mémoire qui cherche soudain à se rappeler,
sans toujours y parvenir, ce que je croyais savoir depuis toujours
et qui parfois se dérobe et me laisse incertain au bord d'un doute ou d'une crainte,
celle de ne plus me souvenir.
J'apprends à regarder et à reconnaître chacune des marches d'un escalier, quand je le descends,
et à peser plus lourdement sur chacune d'elles, quand je le remonte.
J'apprends que ce que je dis n'est pas toujours ce qui est entendu
et que ce que j'entends me venant de l'autre peut être différent de ce qu'il m'a dit.
J'apprends à ne plus m'irriter quand je ne me sens pas compris.
J'apprends à sortir plus vite de mes ressentiments,
à panser plus vite mes blessures
quand l'impact d'un jugement, d'une parole, ou d'un geste
me paraît si injuste que j'ai envie de disparaître.
J'apprends le silence de tous ceux que j'ai perdus et le reflux de mes souvenirs

vers des rives chaque jour plus mouvantes, plus lointaines.
J'apprends qu'il est des rêves tout proches et cependant
inaccessibles.
J'apprends à me redresser, à tenir debout, à marcher plus
doucement
pour aller jusqu'au bout du jour.
J'apprends aussi à me lever avec lenteur,
à ne pas hésiter à solliciter l'aide d'un bras compatissant
quand mon corps dit sa fatigue et sa lassitude.
J'apprends qu'il est toujours possible d'aimer,
non seulement celle qui m'aime,
mais encore et encore chaque instant de cette vie
qui m'a fait le cadeau de m'accompagner jusqu'à aujour-
d'hui.

## Vieillir sans se presser

Nous parlions, un soir entre amis, des dommages de l'âge. Dommages directs sur notre propre corps et collatéraux dans nos relations et sur la place des personnes âgées dans la société. Une femme de ma génération affirmait : « Moi je sens bien que je ne suis plus vue, je sens le regard des gens glisser sur moi, ne pas s'accrocher un seul instant, ne pas me retenir ni même garder une seule trace de ma personne…

– J'ai soixante-dix ans, disait un autre, et dans la rue, les jeunes me bousculent sans s'excuser, bien sûr, mais sans même enregistrer ma présence, je suis devenu invisible pour toute une catégorie d'humains…

– Moi, ajoutait une troisième, ce qui me blesse le plus, c'est la non-reconnaissance de tout ce que j'ai été. Évidemment ce n'est pas marqué sur mon front que j'ai été résistante, que j'ai animé durant la guerre tout un réseau pour faire passer en Espagne des Juifs ou des personnes recherchées par les Allemands, mais quand même, je crois que tout au fond de moi j'attends un minimum de respect, peut-être de bienveillance. Je suis naïve. Il m'arrive de rêver que l'on me tend la main pour traverser le peu de vie qui me reste, traverser dans quelle direction ? Mon rêve ne me le dit pas. Que l'on m'aide moi aussi à passer, comme je l'ai fait pour tant d'autres, à passer peut-être de l'autre côté ? »

Et puis une lectrice m'a écrit pour me dire la belle rencontre qu'elle avait pu faire avec une personne âgée : « En faisant des courses dans un hypermarché, un jour de "points multipliés" et de "promotions d'un jour seulement", je faisais du slalom avec mon caddy, afin d'arriver au plus vite à la caisse, histoire de ne pas être en retard à mon rendez-vous d'après ! Eh bien je suis passée devant un monsieur âgé sans même m'excuser et tandis que je me prenais en flagrant délit d'impolitesse, je me suis retournée vers lui pour lui dire : "Vous avez vu, c'est incroyable, je suis passée devant vous sans même m'excuser !" Celui-ci m'a ravie d'un joli sourire empourprant son visage tout ridé et avec un haussement d'épaules m'a répondu : "Cela arrive souvent, vous savez, je ne m'en étais pas rendu compte, j'étais ailleurs..." Je lui ai redonné sa place dans la file d'attente et nous avons continué à échanger sur quelques-uns des malentendus que la vie nous propose. »

J'ai accroché pour ma part sur cette phrase du vieux monsieur : « J'étais ailleurs ! » Je crois que beaucoup de personnes âgées s'absentent ainsi, disparaissent en elles-mêmes, ne donnent plus d'importance à la vie autour d'elles. Vie perçue comme une agitation incompréhensible, un fourmillement, un anonymat sans fond.

Je sais aussi qu'il y en a d'autres, au contraire, qui par leur regard, leur sourire, la non-impatience de leur présence nous offrent une invitation permanente à échanger, à partager, à prendre le temps de bavarder, de donner du goût à l'instant !

J'en connais qui vieillissent sans se presser, sachant que les jours sont fugaces et que le temps est semblable à une peau de chagrin. Ceux-là sont heureux de l'instant, savent que la vie s'agrandit en se partageant et n'hésitent pas à s'ouvrir aux autres justement pour partager l'instant.

Depuis quelques années, je suis de plus en plus dans ce

vieillissement-là, attentif à ne pas harceler le présent, à éviter de le remplir d'agitation, de paroles vaines ou de pensées creuses, pour simplement l'entourer d'amour et de tendresse.

## Dire et surtout oser se dire

C'est avant tout oser se dire
avec des mots à soi.
Des mots que nous avons à retrouver en nous
et qui sont les seuls habilités à pouvoir
exprimer nos pensées,
nos perceptions ou nos sentiments.
Des mots avec lesquels nous allons parfois
tenter de dire des ressentis intimes,
délicats, ou difficiles à partager.
Des mots, des gestes, des attitudes,
qui traduiront au plus près
ce que nous sommes dans l'instant présent,
en acceptant d'assumer qu'ils sont bien à nous,
qu'ils relèvent de notre seule responsabilité,
en prenant le risque qu'ils soient accueillis
ou au contraire rejetés, s'ils ne rencontrent pas
une écoute ou un accueil.
Se dire, c'est donc sortir du silence
et surtout renoncer au plus difficile,
à la tentation de penser pour l'autre,
de parler sur l'autre,
d'imaginer qu'il pense ceci ou cela de nous,
car de toute façon, ce qui se passe en lui

lui appartient,
ne concerne que sa propre sensibilité,
ses propres opinions,
relèvent de sa responsabilité.
Se dire, c'est éviter de se disqualifier ou de se dévaloriser,
c'est aussi entendre et comprendre sa propre solitude,
non comme une catastrophe ou un manque
mais comme le plein d'un état sensible
qui nous confronte à nos ressources
et aussi à nos limites,
c'est pratiquer une ascèse exigeante,
celle de nous respecter.
Démarche pour laquelle nous sommes mal préparés
et qui, quand elle n'est pas accomplie,
nous éloigne de nous
et surtout du meilleur de nous-mêmes.

# Je dois faire, il faudrait que je fasse, j'ai besoin de faire…

Combien d'injonctions nous donnons-nous chaque jour, à nous-mêmes ou à cette part de nous-mêmes que nous voulons contraindre, maîtriser ou obliger à faire ? « Il ne faut pas que j'oublie, je dois passer chez untel, il faut que je lui dise que…, il me faut faire ce truc avant que…, je dois l'inviter pour le remercier de…, il faut que je pense à…, il faut que je fasse attention à ne pas trop fumer, ne pas trop boire, ne pas trop manger, ne pas trop parler, ne pas trop l'irriter, ne pas trop le blesser… » et tant d'autres encore ! Ces injonctions s'imposent, mobilisent notre esprit, nos énergies, nous taraudent, empoisonnent notre présent et surtout occupent tout un espace de notre vie qui s'en trouve parasité.

Le matin au réveil, avant même d'ouvrir les yeux, nous commençons parfois à établir toute une liste d'obligations, à comptabiliser la somme de tout ce que nous avons à faire, à ne pas faire, à dire ou à ne pas dire et nous laissons ainsi envahir une grande partie de notre espace intime et celui de notre entourage par une pollution qui nous coupe du présent !

De sorte que dès le début de la journée, nous sommes dépossédés d'une part de nous-mêmes, chargés d'obligations, de directives et de contraintes qui vont peser sur notre disponibilité réelle.

Bien sûr qu'il est important de ne pas trop s'encombrer de « choses à faire » en les gardant trop longtemps dans notre tête. Nous savons que ce qui fatigue le plus n'est pas ce que nous avons fait… mais tout ce qui reste à faire ! Se libérer en les exécutant est une chose, se remplir et se noyer en se les rappelant en est une autre !

Nous avons tous des priorités dont nous pouvons nous libérer en leur accordant du temps et de l'énergie, mais il convient aussi de ne pas s'encombrer l'esprit de trop de diktats ! Peut-être serait-il souhaitable, pour commencer à changer, de remplacer la phrase « je dois faire » par « je choisis de faire ». Et ce faisant, de s'engager plus et de se charger moins.

Cet ami me disait : « Après ma journée professionnelle, quand je rentre chez moi, je ne me sens pas disponible pour mes proches si je n'ai pas consulté mes e-mails et répondu à la plupart d'entre eux… Mais si je m'installe devant mon ordinateur et que je commence à cliquer, je donne ainsi le droit à chacun, à des gens qui sont à des centaines de kilomètres, de s'introduire dans mon intimité, de me prendre du temps, de m'absorber au détriment de ceux qui sont là, tout à côté de moi, ma femme, mes enfants, les êtres les plus importants de ma vie qui vont parfois passer après… tous les autres ! »

« Avec mon téléphone mobile, me dit une autre, c'est terrible, si je le laisse ouvert, la moindre sonnerie m'oblige à répondre. Je ne sais pas toujours qui m'appelle et tout se passe comme si chacun avait le droit de faire irruption dans mon présent, sans y être invité ! »

Ainsi à nos propres injonctions s'ajoutent des obligations liées à des tiers auxquels nous donnons en fait beaucoup de pouvoir : celui de nous déranger à tout moment, de devenir prioritaires par leurs demandes et leurs attentes.

Le courage que cela suppose de pouvoir rester soi-même, avec lucidité et cohérence, au plus près de ses choix de vie, requiert d'apprendre à se respecter sans se tromper de priorité et peut-être de libérer un espace en soi, protégé à la fois de nos propres diktats et des parasitages d'autrui.

## Se libérer de la soumission

« Une grande partie de ma vie, j'ai vécu soumise et c'était pour moi – du moins je le croyais à ce moment-là – la seule façon d'exister. Le seul moyen, me semblait-il, d'être reconnue et acceptée était de rester dans la soumission à mon père, puis à mon mari et plus tard à mes enfants ! »

En disant cela, cette femme souligne bien la différence entre vivre et exister. Exister suppose d'avoir une image de soi suffisamment positive pour permettre non seulement d'affronter le regard de l'autre, mais aussi de ne pas se laisser entraîner, définir par les peurs ou les désirs de son entourage. Exister en se respectant, c'est renoncer à rechercher, à quémander l'approbation, l'accord ou l'amour des personnes significatives de notre vie.

Il y a beaucoup de façons à découvrir au cours d'une vie pour exister, en restant entier, face à autrui. Nous avons à différents moments une dynamique dominante qui va cohabiter, compléter ou se heurter aux autres dynamiques présentes en nous :

* L'affirmation de soi : quand je peux m'appuyer sur des compétences que je me reconnais, quand j'éprouve une sécurité interne, quand je sais reconnaître la différence entre mes besoins et mes désirs, quand je ne confonds pas

mes désirs et leurs réalisations, quand je sais me confronter aux autres sans avoir besoin de les disqualifier, de les juger ou de tenter de les réduire à mon point de vue, quand je prends le risque d'un conflit ouvert, en me positionnant avec des croyances, des connaissances et des ressources différentes de celles de l'autre.

* La lutte et le combat : quand j'ai besoin de contrôler, de dominer, de convaincre, ce qui va me maintenir sans arrêt dans une position défensive/agressive vis-à-vis de l'autre. Je peux ainsi créer en permanence des rapports de force, avec l'espoir qu'ils me seront le plus souvent favorables, ce qui ne sera pas toujours le cas !
* La fuite ou l'évasion dans le rêve ou une activité prioritaire : ces conduites vont prendre le pas sur mes autres priorités et risquent de m'enfermer dans des comportements réactionnels et donc énergétivores.
* La soumission : quand il semble impossible d'exprimer mes valeurs, mes besoins, mes idées ou mes émotions et que je les tais, quand j'accepte que l'autre puisse envahir mon intimité, me définir, penser à ma place ce qui est bon ou pas bon pour moi, quand je n'ai pas la volonté ou les ressources pour me différencier des attentes et des demandes de ceux qui me sont proches.

Ainsi quand nous avons été, très tôt dans notre histoire, emprisonnés, conditionnés à ne pas faire de la peine, à nous mettre au service des attentes de l'autre, à espérer que cela nous ferait plus aimer ou plus accepter par lui, il est difficile de se libérer de la soumission.

Cela supposera un important travail sur soi pour accepter de renoncer à cette position de dépendance et oser affronter l'insécurité, l'incertitude, les risques d'une différenciation à partir de laquelle il nous faudra nous faire reconnaître et accepter comme différents et uniques.

## Trouver la bonne distance

Trouver la bonne distance entre vie personnelle (je ne dis plus « privée », car ma grand-mère disait : « Quand j'entends parler de vie privée, je me demande toujours privée de quoi ? ») et vie publique ou sociale fait partie de nos ancrages de vie.

Nous avons, chacun d'entre nous, l'équivalent d'une enveloppe invisible, plus ou moins poreuse, qui marque les frontières et parfois les limites extrêmes de notre territoire intime. Cette enveloppe détermine ainsi la zone à ne pas franchir sans autorisation, sans accord de notre part. En se frottant à l'enveloppe invisible de celui qui est en face de nous, elle marque en fait la bonne distance que nous devons conserver pour pouvoir échanger sans nous sentir menacés, violentés ou risquer de se meurtrir.

La bonne distance peut varier d'une rencontre à l'autre, d'un moment de la journée à l'autre, ou même évoluer à l'intérieur d'un échange. Les Amérindiens disaient que « la bonne distance pour un ami, c'est quand on ne voit ni la porte ni le toit, mais seulement le début du chemin et la fumée de sa maison ». La bonne distance permet paradoxalement de donner un espace à la relation. Si nous fusionnons, si nous nous laissons absorber par l'autre, si nous le phagocytons, il n'y a pas d'espace pour une relation possible. Il y a au contraire un risque de collusion, d'amalgame, de confusion et donc de non-différenciation entre l'autre et moi.

La nécessité d'avoir et de respecter un territoire correspond à notre besoin d'intimité. La cohabitation harmonieuse d'une intimité commune et partagée avec une intimité personnelle et réservée sera le garant du respect de soi et de l'autre dans toute relation.

Paradoxalement c'est le respect de la bonne distance, par l'un et l'autre des protagonistes, qui va créer les conditions d'une intimité possible. Dans certains couples, si l'un des partenaires ne sent pas que son geste est intrusif ou possessif, que son odeur ou sa présence est trop envahissante, ou encore que sa parole ou son désir est trop prégnant, il risque de voir l'autre se fermer, voire s'éloigner, le mettre à distance ou même le rejeter.

Il est toujours désagréable de devoir rappeler sans cesse à un proche les balises à respecter, la distance à tenir dans un échange, d'avoir à défendre et protéger l'espace et le temps de sa vie. D'ailleurs la qualité d'une relation intime se confirmera justement par cette sensibilité, par une qualité de présence qui se reconnaît chez l'un et chez l'autre sans qu'il soit besoin de mots ou même de signes pour la confirmer.

Que ce soit dans les relations professionnelles (qui sont parfois totalisantes et envahissantes) ou les relations intimes, nous aurons à faire preuve de vigilance pour trouver la bonne distance qui nous permet de donner le meilleur de nous pour rencontrer le meilleur de l'autre.

## Réflexions et balises pour pouvoir rester digne

La dignité est un ressenti intime mais qui doit s'appuyer sur des valeurs partagées dans un environnement donné. Des valeurs comme la tolérance, la justice, l'équité, le respect des différences, la non-violence ou la compassion.

La dignité c'est à la fois quelque chose que j'éprouve et dont je suis capable de témoigner par mes comportements, mes modes de vie ou la qualité de mes relations et que j'attends, en miroir, de la part de mon entourage. Un ensemble d'attitudes venant d'autrui qui confirmera qu'il se comporte envers moi avec dignité.

Je peux me sentir indigne de plusieurs façons. Quand je sens que j'ai transgressé une de mes valeurs et qu'ainsi je suis en désaccord, en conflit avec moi-même, ou quand je suis l'objet de comportements, de conduites, de violences ou d'injustices qui m'obligent à vivre dans des conditions matérielles, psychologiques ou éthiques où je perds le respect de ma personne. Quand dans un rapport de force qui ne m'est pas favorable je sens que ma personne, mon être profond est bafoué, dévalorisé ou meurtri par ceux qui m'entourent.

Cette femme originaire du Rwanda me racontait qu'après avoir été violée à plusieurs reprises par des militaires, elle les avait suppliés, à genoux, de donner un peu de lait à son enfant qui mourait de faim dans ses bras. Elle avait abdiqué sa dignité de femme pour tenter de sauver la vie de son fils et témoigner ainsi de sa dignité de mère.

Ce cadre, licencié brutalement à la suite du rachat de l'entreprise dans laquelle il travaillait, m'a confié avoir insisté, sangloté devant le DRH pour qu'il le maintienne dans ses fonctions, « en acceptant même un salaire moindre, des horaires majorés », car cette mise au chômage signifiait pour lui l'obligation de vendre sa maison s'il ne pouvait plus payer les traites, l'éclatement possible de sa famille qu'il ne pourrait plus entretenir, le renoncement de deux de ses enfants à des études qu'il ne pourrait pas assumer. Il m'a dit : « J'avais renoncé à toute dignité, et cela était d'autant plus douloureux pour moi que j'avais en face de moi une personne arrogante, insensible, incompétente, qui ne devait son poste qu'au fait qu'il était le neveu des nouveaux propriétaires de l'usine ! Quelque temps après j'ai retrouvé ma dignité, en refusant un poste de subalterne que cet homme me proposait et surtout en acceptant de travailler dans une autre entreprise à visage plus humain, même avec un salaire amoindri et un temps de transport supérieur… »

Un jour l'enfant d'un de mes amis, âgé de douze ans, a pu dire à sa mère : « Maman, j'ai besoin de garder toute ma dignité sur le terrain de football, alors ne crie pas tes encouragements en m'appelant "mon trésor" ou "prunelle de mes yeux" ! J'ai pas envie que mes copains se tordent de rire devant moi ! »

La dignité n'est pas acquise une fois pour toutes, elle est le résultat d'un combat permanent en soi et face à autrui. Elle est nourrie, entretenue par la manifestation d'un positionnement clair, par une recherche de cohérence entre ce qu'on dit et ce qu'on pense, entre ce qu'on fait et ce qu'on ressent, par une confiance et une estime de soi suffisamment fortes pour résister à des pressions ou à des tentations qui nous délogeraient de nos valeurs. La dignité exprimée ou celle qui est reçue s'appuient sur le respect de soi et de l'autre.

## Y aurait-il des blessures inguérissables ?

Quand je parle de « blessures inguérissables », je pense surtout, au-delà de certaines blessures physiques qui laissent le corps sans ressources, aux blessures relationnelles, psychologiques ou morales. Ces blessures qui s'inscrivent tôt dans la vie d'un enfant, à partir d'une injustice, d'une violence, d'une humiliation, d'un rejet, d'un abandon et qui se réveillent et s'infectent plus tard dans notre vie d'adulte à partir d'un élément déclencheur destructeur ou parfois bénin. Et je crois que certaines de ces blessures ne vont jamais guérir. Que certains d'entre nous vont les porter tout au long de leur existence, qu'elles vont peser lourd sur leurs choix de vie, leurs amours et leurs relations.

Il y a non seulement les gestes qui nous sont imposés (ou que nous déposons ou imposons), les comportements que nous proposons, les conduites que nous affirmons et qui peuvent se révéler toxiques pour l'autre et par contrecoup pour nous-mêmes (en blessant ou en fragilisant la relation), mais il y a aussi les attitudes et les paroles, les actes qui nous atteignent, nous déstabilisent ou encore nous meurtrissent voire nous détruisent dans une confrontation à autrui.

Cette mère met sur la tête de sa petite fille un produit contre les poux et dans la nuit même, sa fille meurt. Des années plus tard, cette femme est dépressive (autoviolence) et se sent toujours responsable de la mort de sa fille.

Cet homme, en faisant une marche arrière avec son nouveau 4 × 4, écrase son fils qu'il n'a pas vu jouant sous le véhicule. Trente ans plus tard, il ne s'accorde aucune excuse, aucun pardon, aucune compassion et porte sa peine comme un enfer.

Cette jeune fille qui a été violée régulièrement par son père entre huit et douze ans se sent responsable de ce qui est arrivé ensuite à sa sœur : « À douze ans, dit-elle, je me suis révoltée, j'ai rejeté mon père, qui alors a déplacé ses pratiques incestueuses sur ma petite sœur âgée de sept ans et qui les a subies, elle, durant cinq ans. Il y a quelques années, elle s'est suicidée et je me culpabilise de la décision que j'ai prise à douze ans d'avoir voulu stopper les violences de mon père sur moi, sans pressentir que je ne faisais que les déplacer sur ma sœur ! »

« J'ai toujours peur, je me sens traquée par le moindre regard, me dit cette femme qui n'a jamais oublié qu'un jour de son enfance, alors qu'elle avait sept ans, son père, fou de jalousie et de rage, avait placé son fusil de chasse dans sa bouche en criant : "Dis-moi, dis-moi comment s'appelle cet homme avec qui ta mère fait la putain !" Je ne savais pas qu'il y avait un homme, je ne savais pas ce que voulait dire "putain", je ne comprenais rien aux cris de mon père et j'ai donné le nom d'un voisin qui avait été gentil avec moi ! Ce fut terrible ! »

Nous pouvons entendre au travers de ces quelques exemples combien certaines violences reçues dans l'enfance creusent un gouffre insondable de souffrance, ouvrent des doutes et débouchent sur des interrogations insolubles. Des traumatismes s'installent et nourrissent sans fin des désarrois qui agrandissent la misère intime jusqu'à l'infini.

Ces personnes aspirent à l'oubli, à la paix, à la réconciliation avec cette part d'elles-mêmes qui a implosé un jour dans leur vie d'enfant, d'homme, de femme. Elles ont souvent au plus profond d'elles-mêmes le désir de faire appel à une instance ultime qui lave, qui comprenne, qui répare leur existence, qui reconstruise le ciel au-dessus de leur tête et, si c'est le cas, cette croyance bienfaisante va les aider parfois à rester debout. Elles vont entreprendre, le plus souvent, une psychothérapie, une psychanalyse ou un travail sur elles-mêmes, vont tenter de mettre des mots non seulement sur ce qui s'est passé mais aussi sur leurs ressentis, leurs sentiments, leurs émotions, elles vont tenter de démêler les relations significatives présentes ou absentes qui auraient dû les protéger, empêcher, accompagner ou soigner leur détresse, leur désespoir.

Il y a des blessures qui semblent inguérissables, mais il y a aussi en chacun des ressources qui permettent de les vivre sans trop se détruire.

## Communiquer en conscience

Si nous considérons que la communication est la sève de la vie, nous pouvons concevoir qu'être capable d'échanger, de partager avec plus de cohérence et de conscience dans nos relations les plus significatives est un enjeu prioritaire pour beaucoup d'entre nous. Cela afin de devenir non seulement de plus en plus responsables de notre vie mais surtout de plus en plus dynamiques dans notre relation au monde.

Une communication vivante, harmonieuse et en santé suppose qu'il soit possible pour chacun des protagonistes :

* de pouvoir demander sans se censurer, tout en prenant le risque d'accepter la réponse de l'autre ;
* de donner avec l'espoir d'être reçu, sans imposer pour autant ;
* de recevoir ce qu'il est possible d'accueillir et peut-être même d'amplifier le bon ou le stimulant qui vient de l'autre ;
* de refuser en se positionnant, c'est-à-dire en laissant à l'autre la responsabilité de sa demande, de son point de vue, de ses désirs ou des perceptions qu'il a sur nous.

Que ce soit dans le couple (si nous avons réellement le souhait d'une relation de longue durée), avec nos enfants (si nous envisageons de les accompagner avec vigilance et bienveillance), dans nos relations professionnelles (qui investissent beaucoup de notre temps), la communication, c'est-à-dire le fait de mettre en commun, est au cœur même de nos besoins et par là même de notre équilibre émotionnel, affectif et physique.

La plupart des malentendus et des conflits, en particulier dans les relations proches, sont liés au décalage qui peut exister entre, d'une part, nos attentes, ou nos désirs et, d'autre part, l'écoute, les réponses adaptées, gratifiantes ou pas, de l'autre.

Si nous pensons qu'il est important de se respecter et de pouvoir respecter autrui, nous pouvons alors apprendre à communiquer avec plus de lucidité, plus de confiance, plus de cohérence et d'authenticité. Par l'apprentissage de quelques règles d'hygiène relationnelle, de quelques concepts structurants, accessibles et transmissibles, d'outils facilitateurs d'échanges en réciprocité, nous pouvons nous donner les moyens de vivre, pour nous-mêmes et pour ceux qui nous entourent, des relations plus vivantes, plus créatrices et mieux équilibrées au quotidien de notre vie.

Toute tentative de communication contient la possibilité de créer une relation, c'est-à-dire un lien au travers duquel circuleront des messages explicites ou implicites à deux tonalités, soit positive (messages gratifiants, valorisants, structurants), soit négative (messages frustrants, dévalorisants, toxiques ou agressifs).

En conscientisant que nous sommes toujours trois dans un échange : l'autre, moi et la relation entre nous, nous découvrons qu'aux deux bouts de la chaîne chacun a la responsabilité de ce qu'il dit ou fait : « Je suis responsable de ce que je dis, je ne suis pas responsable de ce que l'autre entend. Je suis bien responsable de ce que je fais et des conséquences qui en découlent, mais l'autre sera bien responsable de ce qu'il va faire, lui, avec ce qui arrive jusqu'à lui ! »

Le principe de responsabilisation est au cœur même d'une relation en santé : celle que je peux avoir avec moi-même, celle que je peux (ou pas) construire avec autrui. Encore faudra-t-il ne pas rester simplement au niveau de l'intention, mais entrer dans un processus d'apprentissage pour inscrire en nous des repères et des balises susceptibles de favoriser une mise en commun où domineront l'échange et le partage en réciprocité.

## Les bifurcations nécessaires de notre existence

Tout au long de notre existence, à différents moments clés de notre vie, nous sommes confrontés à des choix qui vont déboucher sur des prises de décision. Plusieurs chemins peuvent s'offrir à nous et nous avons à décider lequel prendre : rester sur celui où nous sommes ou changer de voie, quitter la sécurité pour l'inconnu, ou le connu pour l'imprévisible. Nous avons ainsi à affronter des peurs, à les dépasser ou à rester immobilisés, prisonniers de paralysies qui parfois surgissent et nous empêchent justement de choisir. Nous aurons à négocier entre toutes nos hésitations, à décider seuls ou à nous laisser influencer par l'un ou l'autre des conseils (qui ne manquent pas) de notre entourage, en choisissant celui qui nous paraîtra le meilleur pour nous.

J'appelle cela les « bifurcations de l'existence ». Au cours de ma vie, j'ai été ainsi souvent mis en face d'une alternative. La route sur laquelle j'étais se partageait en deux ou trois chemins et je devais prendre une décision qui m'apparaissait soudain vitale sinon essentielle : soit rester sur la voie qui était jusqu'à ce jour la mienne, soit bifurquer, m'engager sur une autre voie.

À vingt ans, après avoir quasiment achevé des études pour devenir expert-comptable, une route nouvelle s'est ouverte devant moi, celle de la psychologie et des relations humaines. J'ai changé d'orientation, abandonnant tous mes acquis et surtout une sécurité matérielle réelle pour quelque chose de peu confortable mais que je pressentais plus passionnant. Cela ne se fit pas sans de nombreuses hésitations, doutes, avancées et reculs. Ainsi, durant au moins trois mois, j'ai oscillé, à l'écoute en moi de deux voix, l'une me conseillant de poursuivre ce que j'avais commencé, l'autre m'incitant à oser, à oser !

À un autre moment, j'ai eu le choix entre des propositions de travail, justement dans les relations humaines, et une invitation à me former pour devenir sculpteur, potier, animateur de travaux manuels. J'ai bifurqué alors vers la création, c'est-à-dire vers un mode de vie très aléatoire, ouvert sur l'insécurité mais aussi sur un imprévisible qui a, durant quelques années, comblé tous mes rêves.

Plus tard encore, je pouvais, confortablement installé dans le poste de directeur d'une maison d'enfants, m'y maintenir ou partir au Québec avec une bourse d'études. J'ai choisi l'aventure québécoise qui m'a projeté sur des horizons extraordinaires et des rencontres qui ont marqué tout le reste de ma vie.

Une autre des bifurcations importantes se situe sur un plan plus intime : rester dans une relation amoureuse ou renoncer à cette relation, non pas pour entrer dans une autre, mais pour pouvoir continuer à me respecter, à me retrouver surtout, à pouvoir continuer à me regarder sans conflits intrapersonnels déchirants.

Il m'est arrivé une fois, une seule fois, de décider de rester sur le même chemin, de poursuivre ma route, de continuer à aller vers ce vers quoi je m'étais engagé : ce fut dans mon rôle de père. Il y eut bien sûr en moi la tentation de partir loin, de me réfugier sur une île lointaine, d'aller au bout de la Patagonie en Terre de Feu, pour changer totalement de mode de vie, mais cela m'aurait coupé de mes enfants, m'aurait interdit de poursuivre mon travail de papa et de père. Je n'ai jamais regretté ce choix.

J'ai envie d'ajouter que la plus grande des libertés est celle que nous offre la possibilité de faire des choix. Faire des choix en sachant que choisir, c'est renoncer, avec chaque fois l'espoir que notre choix sera plus bénéfique que ce qu'on laisse derrière soi.

# Le trac

Je fus longtemps habité par le trac ou, pour le dire autrement, le trac fut une épine dans ma gorge, un caillou dans ma chaussure, un poids sur ma poitrine, un brouillard dans mes pensées et bien d'autres choses encore durant près d'un demi-siècle.

Le trac, c'est l'équivalent d'une toxine qui nous rend faibles, nous fragilise face au réel, un parasitage qui s'impose à nous au moment même où nous avons le plus besoin de toutes nos ressources et de notre aisance. Le trac surgit, s'insinue en nous quand nous devons affronter une situation importante qui réclame toute notre attention, notre vigilance et notre disponibilité dans une confrontation avec une personne, un groupe, une épreuve nouvelle. La spécialité du trac est de jouer les trouble-fête précisément quand nous aurions besoin d'apaisement et de concentration !

Le trac s'installe, s'impose et semble réclamer toute notre attention, dans le sens où il mobilise nos pensées et nos potentialités. Il peut se manifester par des rougeurs, des tremblements, un ralentissement de nos fonctions physiques et intellectuelles, on devient d'un seul coup plus maladroit, plus gauche, plus empêtré. Tout cela à l'intérieur d'un ressenti global : nous avons d'un seul coup le sentiment que nous n'allons plus être capables de parler, de faire une demande, de présenter un projet, de défendre une idée. Nous sommes envahis à la fois par une émotion inhibante, paralysante que vient recouvrir un tourbillon de pensées dérangeantes, liées à une production imaginaire anticipatoire, qui nous laisse croire que nous n'allons pas pouvoir affronter la situation de façon satisfaisante pour nous et pour les autres. Viennent aussi parfois des reproches que nous nous adressons à nous-mêmes : « Mais pourquoi ai-je donc accepté cela ? qu'est-ce que je fais ici ? jamais je n'aurais dû donner mon accord… »

Dans le trac, paradoxalement, il y a la recherche désespérée d'une autoconfirmation, alimentée de certitudes erronées mais qui s'imposent avec une évidence indiscutable : « Je ne suis pas capable, je suis insuffisant, ça ne marchera pas, il n'y a vraiment aucune raison que je puisse intéresser ces gens-là, je vais me faire contrer, je vais soulever des critiques auxquelles je ne saurais répondre, je n'aurais jamais dû… »

Le trac peut se focaliser sur trois points :

* Le contenu, c'est-à-dire ce que je dois dire, ce que je dois faire, ce pour quoi je suis là. Avec toute une argumentation mentale qui occupe l'essentiel de mes pensées à ce moment-là : « Mais qu'est-ce que je vais bien pouvoir leur dire ? Je suis sûr qu'ils ne vont rien comprendre, qu'ils vont trouver mes arguments totalement débiles, que tout cela n'a aucun intérêt. Je dois trouver à tout prix une amorce, commencer par une phrase intelligente qui capte l'attention tout de suite, quelque chose qui leur montre tout de suite que je suis quelqu'un d'intéressant, oui, mais laquelle ? »
* Le contexte, l'environnement, les autres en projetant sur eux ce qui se passe dans ma tête : « Ils vont penser que je suis un fumiste, ils vont me poser des questions auxquelles je ne pourrai répondre », « C'est sûr, elle a l'habitude de

fréquenter des gens passionnants et moi je ne sais même pas ce qui lui ferait plaisir ! »

* La personne que je suis, en insistant bien sur toute la dévalorisation de moi-même dont je suis capable : « Je suis trop jeune, je ne suis pas prêt du tout, je ne suis pas à la hauteur de ce qu'ils attendent. Ma formation est insuffisante… »

Le trac connaît trois temps :

* Avant, par l'irruption de tout un processus imaginaire qui, tel un film, va se dérouler dans ma tête, avec différents scénarios catastrophes bien rodés, dans lesquels l'échec est bien programmé. Ces scénarios ont fait leurs preuves dans le passé et je les connais bien, il me suffit chaque fois d'ajouter un détail, d'enrichir les péripéties d'incidents nouveaux, le film entier de toutes mes incapacités a démarré et il est sans fin !
* Pendant, cette production imaginaire peut s'amplifier et déborder dans la réalité (c'est l'horreur, car je vais me comporter comme j'avais craint de le faire). Parfois l'imaginaire arrête de produire du négatif, mes peurs s'atténuent et même s'évaporent quand la réalité ne confirme pas tout ce que j'avais imaginé. Quelques phénomènes physiques subsistent : rougeur, rythme cardiaque accéléré, voix cassée, pensées éparpillées, puis vont progressivement disparaître. Je traverse en ayant pied !
* Après, c'est le soulagement (provisoire) ou l'autocritique avec des regrets (j'aurais dû faire ceci ou cela) et déjà l'anticipation que la prochaine fois j'aurai encore le trac…

Nous pouvons comprendre que les racines du trac sont dans quelques événements clés de notre histoire, quand face à une personne significative nous avons senti que nous décevions, que nous n'étions pas à la hauteur de ses attentes ou de ses espoirs, quand nous n'avons pas reçu suffisamment de messages gratifiants dans notre enfance pour confirmer la confiance et l'estime de soi qui nous permet d'affronter l'imprévisible sans craintes disproportionnées.

Pour ceux qui ont à se confronter à des situations propres à réveiller leur trac, je propose une distanciation ludique qui consiste à lui donner un petit nom familier. J'avais appelé le mien « Ivan le pour-rire », pour contrebalancer un « Ivan le terrible » toujours à l'affût. Je lui parlais, plaisantais avec lui : « Alors, tu veux une fois de plus prendre toute la place, tu veux être vu en premier, envahir tout l'espace ? » Je l'avais symbolisé par un petit objet (un gland) que je déposais à l'entrée de la salle où je devais donner ma conférence : « Je te laisse là, je te reprendrai à la sortie. » Cela marchait parfois et plus souvent que vous ne pouvez le croire !

Un jour j'ai oublié de « reprendre » Ivan le pour-rire à la fin d'une intervention. La fois suivante, mon trac est revenu, mais juste comme un clin d'œil, pour me rappeler que nous avions vécu beaucoup de choses ensemble, traversé de nombreuses épreuves collés l'un à l'autre. Depuis, Ivan ne s'est plus manifesté à moi, je ne sais où il vit, peut-être a-t-il rencontré quelqu'un d'autre pour l'héberger !

# À propos du quotient relationnel

Le concept de « quotient relationnel », que je présente et propose ici (après celui plus ancien et plus connu de quotient intellectuel ou plus récent de quotient émotionnel), devrait intéresser tous ceux qui sont engagés personnellement ou professionnellement dans une amélioration possible de la communication et des relations humaines. Tous ceux qui souhaitent développer des échanges et des partages en réciprocité, non seulement dans leur vie personnelle, mais aussi dans leur vie conjugale, familiale, sociale ou professionnelle. Ce qui permettrait aussi d'améliorer le fonctionnement des grandes institutions ou des entreprises industrielles ou commerciales.

Sont concernés en premier tous ceux qui par leur fonction, le poste qu'ils occupent, sont au cœur d'un faisceau de relations significatives, décisionnelles ou qui sont l'objet d'attentes implicites ou explicites. Tous ceux qui sont engagés dans une relation d'aide, une demande d'écoute, de compréhension ou même d'un accompagnement pour affronter un problème, traverser un conflit ou une situation difficile vécue dans leur entourage. Mais que ce soit vis-à-vis de l'un ou l'autre de nos proches, d'une connaissance, d'un collègue ou d'un collaborateur, chacun d'entre nous devrait pouvoir accepter d'être interpellé par cette notion, encore mal connue.

Il arrive un moment dans notre existence où nous sommes amenés à nous interroger sur la qualité des relations que nous proposons, que nous vivons avec ceux qui partagent notre vie ou que nous côtoyons au travail et à remettre (parfois) en cause notre propre capacité à entrer en relation, à entretenir des échanges vivants, à dynamiser des partages, bref à proposer à l'autre, aux autres des relations en réciprocité. Avec comme corollaire de pouvoir mieux évaluer, pour les accepter ou les refuser, l'impact de certains échanges et relations proposés ou imposés par des interlocuteurs (issus de notre parenté, de voisins ou de collègues de travail). Communications et relations qui peuvent se révéler, à certains moments, déstabilisantes, préjudiciables, voire toxiques pour nous.

Rester plus lucide (surtout dans une période de crise conjugale, familiale ou professionnelle), être à l'écoute, accepter de se centrer sur l'autre, ne pas confondre la personne et le problème, garder une cohérence face aux accusations et aux mises en cause, ne pas se laisser envahir par l'urgence, ni déborder par le réactionnel ou inhiber par l'angoisse, éviter de se laisser contaminer par les confusions ou les exigences de celui qui attend de nous un conseil, une solution ou une confirmation, tout cela suppose d'apprendre à mieux connaître son propre quotient relationnel.

Nous avons tous remarqué, que ce soit au cours de rencontres personnelles ou professionnelles, dans nos échanges et partages, dans nos engagements de vie, que certaines personnes ont une facilité ou une plus grande liberté à entrer directement en relation. Nous sentons qu'elles ont une sensibilité, une ouverture particulières pour créer des relations plus directes, plus libres, plus épanouissantes que d'autres.

C'est la qualité d'une relation en santé, irriguée par des communications pleines et sereines, qui va nourrir la sève fertile de notre vie tout au long de notre existence.

Un premier pas à faire sera de reconnaître que le système

relationnel qui domine, dans notre culture (et donc dans la plupart des domaines de notre vie), que j'appelle « système SAPPE[1] », favorise les relations dominants-dominés, incite à la prise de pouvoir ou à la soumission, suscite des oppositions et des affrontements, cultive la dépendance, introduit le doute, réveille la non-confiance et par là même la méfiance à l'égard de ceux qui occupent des postes d'autorité et de pouvoir. Malgré les tentatives de moralisation par la religion, par des codes sociaux et culturels ou à partir d'une éthique personnelle ou encore avec l'aide de consignes, de chartes de vie, de réunions de régulation dans les entreprises ou les institutions, ce système débouche la plupart du temps sur beaucoup de malentendus, de conflits et parfois de violences et d'autoviolences.

On observe donc, me semble-t-il, dans la plupart des pays dits « civilisés », une culture implicite de l'incommunication et une méconnaissance quasi généralisée des ressources réelles, des potentialités quasi infinies de chacun en ce qui concerne les relations humaines. Ce qui ne favorise, ni au niveau de l'éducation familiale et scolaire ni à celui de la vie sociale et professionnelle, l'éclosion ni le développement d'un quotient relationnel élevé chez la plupart d'entre nous.

La notion de QI (quotient intellectuel) a fait l'objet depuis plus d'un siècle d'études approfondies et bien connues. Ce concept fait partie aujourd'hui du patrimoine des sciences humaines.

La notion de QE (quotient émotionnel) a fait son apparition en 1990 avec les travaux de Peter Salovey et John Mayer, et cela me semble une belle avancée, complémentaire au QI,

1. Une description et une analyse du système SAPPE (S comme sourd, A comme aveugle, P comme pernicieux et pervers et E comme énergétivore) sont présentées dans *Pour ne plus vivre sur la planète Taire*, Albin Michel, 2003.

pour une meilleure compréhension de l'être humain et un éclairage plus fin de sa dynamique intime.

Le QR (quotient relationnel) serait, pour Olivier Clerc, qui a aussi abordé ce sujet, « l'art de nouer et de préserver des relations mutuellement enrichissantes, ainsi que la capacité de gérer des désaccords et des situations conflictuelles autrement que par la violence ».

Pour Maryse Legrand, psychologue clinicienne, il y aurait « une intelligence relationnelle différente de l'intelligence tout court et de l'intelligence émotionnelle, qui s'évaluerait dans deux directions : la relation à soi et la relation aux autres ».

Comme ni notre éducation ni notre environnement ne semblent nous avoir préparés à proposer et à vivre des relations vivantes et en santé, nous pouvons penser que le quotient relationnel pourrait être développé chez beaucoup d'entre nous, à la fois par une démarche personnelle de conscientisation et par un travail personnel d'approfondissement portant sur une meilleure connaissance de notre propre dynamique relationnelle. Et donc tous ceux qui, en dehors de dispositions culturelles et d'expériences favorisantes, auraient le désir d'épanouir, d'agrandir ou d'enrichir leur QR pourraient avoir recours à un travail personnel d'éveil et de formation.

La définition que je donne pour ma part du QR est la suivante : « Le quotient relationnel sera lié à la capacité plus ou moins développée chez une personne à proposer pour elle-même et pour autrui des relations qui participent activement à sa croissance et à son épanouissement. Nous pourrions dire d'un individu qu'il a un quotient relationnel élevé quand nous constatons qu'il provoque et développe des relations énergétigènes, créatives et stimulantes pour autrui et pour lui-même. Nous dirions qu'il a un quotient relationnel moyen ou bas quand il suscite ou déclenche des relations infantilisantes, énergétivores et aliénantes pour autrui et pour lui-même. »

Un QR élevé est perceptible, chez la plupart des individus, dès les premières rencontres. Sa mise en jeu, son impact suscitent chez l'interlocuteur divers sentiments et ressentis immédiatement perceptibles : une ouverture, un lâcher-prise sur le système défensif, une écoute active, une disponibilité à une implication personnelle plus grande, une amplification des ressentis, une ouverture aux résonances et le développement d'un sens des responsabilités personnelles pour mieux gérer sa place dans une relation, sans tout de suite mettre l'autre en cause. Je rappelle qu'une relation a toujours deux extrémités et que, lorsque nous acceptons de prendre la responsabilité, à notre extrémité, de ce que nous éprouvons, ressentons ou pensons, quoi que fasse l'autre, nous accédons à une meilleure prise en charge de la relation.

Je ne crois pas que la qualité d'une relation puisse s'évaluer quantitativement (nombre de messages émis) ou matériellement (richesse des apports) ou qu'elle puisse se mesurer à l'aune de l'amour donné et reçu. Une relation de qualité sera une relation dans laquelle circulera un bon degré d'attention bienveillante, où l'on sent présent un amour de soi et de l'autre suffisamment bon (en référence à Winnicott, ce qui veut dire ni trop ni trop peu) pour respecter l'altérité, c'est-à-dire la différence et l'unicité de chacun.

Ce sera une relation dans laquelle nos besoins non seulement physiques et affectifs, mais également psychiques et relationnels fondamentaux seront identifiés, reconnus, entendus et confirmés – ce qui ne veut pas dire qu'ils seront toujours comblés. Ainsi, quand le besoin d'être accepté sans être jugé, celui de s'exprimer dans sa singularité, d'être reconnu dans son unicité et son altérité ou encore d'être valorisé et gratifié sont pris en compte dans un échange, nous pouvons dire que le QR de ceux qui communiquent ainsi est élevé.

Une relation de qualité se nourrira aussi de toutes les rencontres positives et bénéfiques qui viendront renforcer l'assise de soi et le sentiment d'exister dans la dignité, la certitude de sa valeur propre sans avoir besoin d'entrer en compétition ou en rivalité, sans éprouver le désir de créer des rapports de force.

Une relation de qualité sera l'espoir exaucé d'une aspiration à être en accord avec soi-même, congruent entre ce qu'on dit et ce qu'on pense, entre ce qu'on ressent et ce qu'on fait, quand nous sentons le désir de l'autre à mettre en jeu le meilleur de lui, comme nous l'avons en nous-mêmes.

En acceptant de nous interroger sur les différentes façons d'améliorer notre quotient relationnel, nous pouvons ouvrir en nous quelques voies nouvelles, non seulement au changement, mais aussi à une meilleure efficience personnelle et professionnelle.

# *L'Autre et les autres*

# L'Autre

L'Autre, c'est avant tout celui qui n'est pas moi, ce qui donne une idée de l'immensité, de l'universalité et de la richesse des possibles, positifs ou moins positifs, pour ne pas dire négatifs, de toute rencontre avec l'Autre.

L'Autre dont nous voulons parfois être proches ou d'autres fois au contraire plus à distance, l'Autre à qui nous souhaitons parfois ressembler ou de qui à l'inverse nous voulons mieux nous différencier, cet Autre à apprivoiser ou à combattre occupe beaucoup, beaucoup de nos pensées, de nos sentiments et de nos énergies. Ce qui confirme la croyance que j'ai, même si elle me dérange parfois, qu'il n'est pas possible d'exister sans l'Autre.

Comme je suis essentiellement un être de relation, l'Autre, même s'il ne le sait pas toujours, est indispensable à ma survie, à mon épanouissement, à ma créativité et surtout à mon devenir.

Il me vient de l'Autre plusieurs types de messages. Des messages verbaux ou non verbaux, visibles ou moins visibles, conscientisés ou moins conscientisés, que je peux recevoir, accueillir, amplifier quand ils me paraissent bons pour moi, ou refuser s'ils me semblent mauvais pour ce que je suis, pour ce dont j'ai besoin.

Pendant une grande période de ma vie, j'ai été certainement très maladroit, parfois idiot et d'autres fois blessant avec l'Autre. J'étais en quelque sorte un handicapé de la relation. En effet, je n'avais pas compris que la relation à l'Autre, qu'il soit proche ou moins proche, se construit autour de quatre ancrages essentiels :

* Savoir demander sans imposer ou exiger.
* Savoir donner sans étouffer ou mettre l'Autre en dépendance.
* Savoir recevoir en accueillant ou en amplifiant ce qui me vient de l'Autre.
* Savoir refuser sans rejeter la personne, en précisant seulement que mon non s'adresse à sa proposition, à sa demande ou à son désir.

J'ai rencontré au cours de mon existence beaucoup d'autres. Avec certains, je devrais dire certaines, j'ai vécu des moments magiques, chargés de tous les plaisirs, de tous les abandons, de tout le merveilleux qui peut nous traverser dans des échanges et des partages intimes. Avec d'autres j'ai grandi, j'ai créé, j'ai découvert quelques-unes de mes ressources et limites aussi, j'ai réalisé quelques-uns de mes rêves et je garde envers chacune de ces rencontres une reconnaissance profonde, durable. Mais avec d'autres encore, j'ai trouvé la violence, le désarroi, la détresse et la souffrance qui m'ont blessé dans différentes périodes de ma vie.

Je peux dire cependant que je ne regrette rien de toutes ces relations. Elles m'ont construit, m'ont permis d'accéder au meilleur de moi-même, au plus fragile, au plus vulnérable comme au plus merveilleux de mes possibles.

Je pense très sincèrement que je suis le résultat – je n'ose dire l'aboutissement – toujours en gestation, de toutes ces rencontres.

## Comment gérer les messages positifs ou négatifs que nous recevons ?

Nous recevons de la part de notre entourage proche ou moins proche de nombreux messages que nous pouvons classer en trois catégories :

* Des messages verbaux ou non verbaux positifs, c'est-à-dire des mots ou des attitudes qui nous stimulent, des paroles ou des gestes bienveillants qui nous font du bien, qui confirment la confiance, l'estime de soi et même l'amour que nous pouvons avoir envers nous-mêmes. Amour non pas narcissique ou égocentrique mais amour de bienveillance, de respect envers notre propre personne.
* Des messages négatifs, qui peuvent nous inhiber. Des messages à base de dévalorisations, de disqualifications, qui vont semer le doute en nous, blesser l'image que nous avons de nous-mêmes, nous paralyser et trop souvent entretenir des autoprivations, dans le sens où nous allons nous interdire soit de parler, soit de faire et ainsi n'utiliser nos ressources qu'a minima.
* Des messages toxiques, extrêmement nocifs pour notre personne. Des mots, des gestes, des comportements qui vont nous blesser durablement, car ils vont s'inscrire profondément et réveiller quelques-unes des blessures de notre enfance. Ces messages sont de véritables poisons,

capables de susciter en nous des comportements mortifères tant ils atteignent, au-delà de l'image de nous-mêmes, des zones de vulnérabilité qui vont entretenir désarroi, détresse et souffrance durables.

Nous avons donc compris que les premiers messages sont énergétigènes, qu'ils engendrent et développent en nous des énergies. Qu'ils vont nous dynamiser et surtout vivifier nos ressources et stimuler notre créativité et nos possibles.

Quant aux second et troisième types de messages, ils sont non seulement énergétivores mais nous déstabilisent, nous entraînent à des conduites réactionnelles qui se révéleront le plus souvent préjudiciables pour nous et notre entourage, car ils sont l'équivalent de véritables toxines qui envahissent nos pensées et polluent notre imaginaire.

Je propose deux démarches pour mieux gérer les messages que nous recevons. Pour les messages positifs, accepter de les recevoir sans les minimiser, sans les banaliser ou même les rejeter. Pour les messages négatifs et toxiques, oser les restituer symboliquement à celui ou à celle qui les a déposés sur nous. Ainsi je peux, en m'appuyant sur un objet (celui que j'ai sous la main) que je transforme en symbole, le remettre à celui qui m'a blessé avec un mot d'accompagnement : « Ce mot avec lequel tu me définis, ce geste que tu as déposé sur moi, cette opinion que tu portes sur ma façon de vivre, d'être, de faire ou de ne pas faire, c'est ton regard à toi, ton point de vue, ta façon de faire, ils ne sont pas bons pour moi, je les laisse chez toi, ils t'appartiennent… »

Cette pratique des actes symboliques constitue une aide précieuse pour ne pas se laisser polluer ou blesser par ce qui vient de l'autre et qui n'est pas bon pour nous. Car l'être humain est un curieux animal : il sait fort bien régurgiter, rejeter quasi automatiquement un aliment nocif pour lui, mais il est capable de garder durant des années des messages toxiques qui vont le blesser ou entretenir en lui des doutes et de la non-confiance. Nous sommes en ce sens responsables non pas nécessairement de ce qui nous arrive, mais de ce que nous en faisons.

## Il y a des amitiés toxiques

Il existe des amitiés toxiques comme il peut y avoir des amours toxiques. Je veux dire par là que des amis très proches, trop proches, peuvent se révéler intrusifs, exigeants, voire violents. Des amis ou des pseudo-amis qui n'hésitent pas à envahir notre espace, à nous saturer de demandes ou à s'immiscer dans nos relations les plus intimes. Des proches ou des personnes aimées qui pensent à notre place ce qui est bon ou pas bon pour nous, qui veulent nous définir et nous faire entrer dans leurs projets ou leurs croyances.

Nous pouvons nous poser cette double question : peut-on tout accepter de ses amis ? Tout accepter « au nom de l'amitié » ? Bien sûr que non !

Je crois que s'il s'agit d'un vrai ami, d'un ami fiable, il doit connaître notre sensibilité, apprécier nos valeurs et surtout sentir ou percevoir nos zones d'intolérance et de vulnérabilité. De notre côté, quelle que soit l'affection ou l'amitié que nous pouvons avoir envers une personne, il ne convient pas de se transformer en carpette ou en poubelle devant elle et de tout accepter venant de sa part.

Une relation amicale harmonieuse est celle qui permet de :

* demander (sans fausse pudeur) ;
* donner (sans réticence) ;

* recevoir et accueillir (dans le respect de soi et de l'autre) ;
* refuser (sans culpabilité et en se responsabilisant).

C'est le plus souvent un faux ami qui s'abritera derrière son amitié ou qui revendiquera la vôtre pour vous demander quelque chose d'inacceptable. L'amitié suppose un accord entre deux êtres, dont le fondement profond repose sur la co-naissance (naître avec), la tolérance et le respect mutuel.

Cela dit, on peut oser demander beaucoup à un ami avec une grande liberté, mais cela signifie que nous devons prendre le risque de sa réponse qui peut parfois ne pas correspondre à notre attente !

Certaines amitiés deviennent toxiques pour plusieurs raisons :

* Quand l'autre n'a pas perçu que nous avons changé, que nous ne sommes plus celui qu'il a connu sur les bancs du lycée, à la faculté, dans notre adolescence ou à l'époque de notre rencontre ou encore depuis le début de notre relation.
* Quand il n'a pas découvert (ou accepté) que nous puissions avoir d'autres engagements prioritaires (amoureux, parentaux en particulier ou politiques) qui vont passer, à un moment donné, au premier plan.
* Quand lui-même a changé et qu'il a peut-être renoncé (ou trahi) quelques-unes de ses valeurs, transgressé des engagements et qu'il tente de nous entraîner sur un terrain qui n'est pas bon pour nous ou qui ne nous permet pas de rester fidèles à nos propres valeurs et convictions.

Une relation (qu'elle soit amicale ou pas) est toxique quand ce qui vient de l'autre nous blesse de façon régulière ou n'est pas bon pour nous. Quand elle touche de façon répétitive à nos zones de vulnérabilité ou à nos valeurs profondes.

Une amitié peut être exigeante sur la qualité des engagements pris, mais elle ne doit pas être impérialiste, autocratique et nous entraîner à ne plus nous respecter, à violenter nos repères et nos choix, justement au nom de l'amitié !

Dans l'amitié, c'est le besoin de se dire (en toute liberté), d'être entendu (dans le registre où je parle), le besoin d'être reconnu (dans mes différentes dimensions), le besoin d'être valorisé (pour ce que je suis et pas seulement pour ce que je fais), le besoin de pouvoir rêver (et partager ainsi quelques-unes des folies de mon imaginaire) qui sont privilégiés.

Un véritable ami est capable de répondre inconditionnellement (sans jugement, sans réticence) à chacun de nos besoins relationnels et ainsi nous permettre d'accéder au meilleur de ce que nous sommes, l'un et l'autre.

## Mieux repérer ceux qui savent vous blesser en prétendant que c'est pour votre bien !

Ainsi celui ou celle qui vous dira : « Tu sais ce que m'a dit de toi quelqu'un qui te connaît bien ? » et, sans attendre votre accord, vous assènera qu'il est difficile de vous faire confiance, parce que vous êtes trop égoïste, que vous défendez en priorité toujours votre propre intérêt. Et qui terminera ce message toxique par une fausse rassurance du style : « Mais moi, je sais que tu n'as pas été toujours comme ça ! » Une connaissance vous appellera au téléphone, spécialement un dimanche matin, pour vous informer benoîtement (et polluer toute votre matinée et même plus) : « Ah, tiens, l'autre jour j'ai vu ton mari avec une femme que je ne connaissais pas. Ils se tenaient proches, ils avaient l'air de bien se connaître, je pense que tu dois être au courant, ce doit être une amie commune à vous deux… »

Si vous recevez de tels messages destinés à vous déstabiliser, à vous angoisser ou à vous faire réagir contre quelque chose, je vous invite d'une part à ne pas les prendre sur vous, d'autre part à demander à la personne qui vous parle, non d'elle, mais de quelqu'un d'autre : « Qu'est-ce qui a été touché chez toi quand tu as vu ou reçu ce que tu me rapportes, au point d'éprouver le besoin impérieux de m'en parler ? »

Il y a aussi des messages à double sens, dont l'un annule le message initial : « Je t'inviterais bien ce week-end mais tu vas encore trouver que je suis envahissante ! », « Comme je sais que tu es fatigué j'ai préféré te laisser seul, de toute façon je ne savais pas si tu serais chez toi, disponible pour m'accueillir ».

Il y a aussi le père qui « fait la tête » et répond à sa fille qui lui demande la permission de sortir : « Mais fais ce que tu veux, tu es libre », cela avec un geste de rejet et en se détournant. En fait, il envoie le message suivant : « En faisant ce que tu veux, tu seras rejetée par moi ! »

« Est-ce que tu m'aimes ? » demande l'un, et l'autre de répondre avec un geste d'agacement : « Mais bien sûr que je t'aime, qu'est-ce que tu vas chercher là ? »

Il y a encore les fausses préoccupations ou les fausses compréhensions qui sont une banalisation ou un déni du problème : « Je sais ce que tu penses, qu'il faudrait que je sois plus souvent à la maison, que je m'occupe plus des enfants, que je sois plus attentif, mais que veux-tu, on ne se refait pas, je suis comme ça et au fond je sais que tu m'aimes bien comme je suis ! »

Et celui qui pense, décide pour vous et vous définit en vous faisant entrer dans ses demandes, vous laissant croire que ce sont bien les vôtres : « J'ai pensé que tu serais d'accord, alors j'ai dit à tes parents que nous viendrons dimanche prochain ! », « Tu te plains souvent de ne jamais sortir, je sais qu'il faut peu de choses pour te fâcher, mais pour une fois, tu pourrais faire un effort et venir avec moi ! »

Entre la fausse compassion, la pseudo-rassurance et le conseil décalé, il y a toute une gamme de messages équivalents à des petites bombes à retardement qui vont exploser dans notre tête bien après la rencontre et nous polluer sournoisement et durablement, si nous ne veillons pas à laisser chez l'autre ce qui n'est pas bon pour nous. En se rappelant l'excellent conseil de ma grand-mère qui affirmait : « Il n'est pas toujours nécessaire de mettre son nez sous le tuyau d'échappement de celui qui prétend nous vouloir du bien ! »

## Le plaisir de faire plaisir

Dans les relations proches ou intimes, un plaisir n'est jamais complet s'il n'est pas accompagné par l'accueil, le partage ou par l'amplification du plaisir de l'autre. Il est toujours possible de se faire plaisir en solitaire (je ne pense pas à ce que vous pensez !), soit en écoutant du Mozart, soit en regardant une fois de plus un Cézanne ou un Monet qu'on a déjà vu dix fois ou encore en relisant le passage d'un livre de Christian Bobin, que j'ai lu cent fois et qui chaque fois m'émerveille et me donne le sentiment d'être meilleur. Plaisir égocentrique, au sens noble du terme, car centré sur ma personne, ne devant rien aux autres, mais qui reste quand même restrictif si je ne peux en témoigner ou le partager avec quelqu'un.

Mais il y a aussi et surtout le plaisir de faire plaisir. Celui de provoquer, de déclencher, d'accompagner le plaisir de l'autre est quelque chose de grisant qui nous entraîne loin, vers une expansion de nous-mêmes ou vers les caresses du ciel.

Le plaisir de faire plaisir nous fait entrer dans une jouissance ouverte, accordée à la façon dont nous sommes reçus, prolongée bien après l'instant du partage. Quand nous sentons que notre offrande, notre geste, notre proposition sont non seulement accueillis, mais amplifiés ou qu'ils rayonnent à l'intérieur de l'autre. Quand nous percevons chez l'autre que nous l'avons rejoint, que nous avons touché juste. Quand nous vibrons à l'imperceptible émotion, à la chaleur subtile qui accompagne l'accueil d'un cadeau, d'une attention, d'un geste ou simplement d'une parole qui agrandit, embellit la qualité de notre relation.

Je songe, pour moi-même, au plaisir qui m'emplit quand je reçois de la part de mes enfants ou de ceux qui m'aiment un nouvel arbre à planter ! C'est soudain toute leur présence qui devient tangible, vivante, une vague de chaleur qui réchauffe mes sentiments, un apaisement qui se répand, une quiétude nouvelle qui se dépose en moi. Je sais aussi leur plaisir anticipatoire, les rires ou les plaisanteries qu'ils ont échangés autour de ma passion, parce qu'ils savent que c'est le plus beau des cadeaux que je puisse recevoir.

Le plaisir partagé peut se vivre ainsi sur beaucoup de registres. De simplement imaginer le plaisir de celui qui reçoit quelque chose qui le rejoint au plus sensible, au plus profond ou au plus près de ce qu'il est, mais aussi d'entendre le plaisir de celui qui donne me comble. Car celui qui a trouvé le geste juste, la parole pleine, le don personnalisé s'accordant à celui qui le reçoit entre ainsi dans un cycle subtil et profond de joies et de satisfactions dont les échos s'enchevêtrent et se multiplient à l'infini.

Le plaisir de faire plaisir est une vraie démarche relationnelle, qui donne à la vie du goût, du piquant, du joyeux. Car il y a une part de créativité importante dans le fait d'avoir du plaisir à faire plaisir, par anticipation (quand on imagine à l'avance comment l'autre va s'étonner, recevoir, accueillir), pendant (dans ce moment d'émotion où ce qui est dit ou fait est reçu comme une offrande) et après (quand nous pensons encore au plaisir de l'autre et à ses prolongements).

Peut-être que la pire autopunition est de se priver du plaisir de faire plaisir. Ce qui arrive quand nous sommes dans le réactionnel ou le ressentiment : « Puisqu'il ne m'a pas écrit pour mon anniversaire, eh bien je ne lui fête pas le sien ! » « Si elle ne comprend pas que je l'aime, que je tiens à elle, alors c'est inutile que je l'invite en vacances ! » Ou quand nous pensons à la place de l'autre : « De toute façon, il a tout ce qu'il désire, alors un livre de plus ou de moins ne lui apportera rien… »

Notre plaisir à faire plaisir peut se heurter aussi à la résistance de tous ceux qui ne savent pas recevoir. Ou encore au refus de certains qui se sentent en dette sitôt qu'ils reçoivent une offrande, ou qui ne peuvent supporter de « devoir ainsi à quelqu'un » une satisfaction quelconque !

Au-delà de tous ces obstacles, restent tous les possibles du plaisir à faire plaisir qu'il nous appartient de cultiver et d'agrandir en nous.

## Une si difficile compassion

La compassion est liée d'une part à notre capacité à nous décentrer (de nous-mêmes, de nos soucis ou de nos préoccupations) et d'autre part à la possibilité de se centrer (être à l'écoute), d'être en résonance (ressentir en miroir) avec le vécu douloureux, la souffrance ou simplement les sentiments réels de l'autre, ce qui voudrait dire aussi d'être capable de l'accueillir inconditionnellement.

Il ne s'agit pas de prendre sur soi, de faire sien ce qui est arrivé à l'autre, mais de lui témoigner combien nous entendons et ressentons ce qu'il vit comme il le vit. La compassion ne suppose pas un transfert des malheurs d'autrui sur nous, mais une qualité de présence, d'accompagnement qui permet à l'autre de ne plus se sentir seul, de pouvoir s'appuyer, de partager et peut-être de s'alléger ainsi du fardeau qui est le sien.

Mais il faut savoir qu'il y a des obstacles à la compassion et même des dérives possibles.

Le principal obstacle c'est la banalisation possible de la souffrance ou des malheurs qui nous entourent. Quand nous avons le sentiment qu'autour de nous tout le monde va mal, que les informations regorgent de faits divers aussi épouvantables les uns que les autres, que l'univers est rempli d'injustices, de catastrophes, de guerres, d'attentats ou d'enlèvements. Qu'il n'y a plus de priorité dans la succession des événements qui sont mis sur le même plan, qu'il y a un amalgame entre les violences proches et plus lointaines. Et puis il y a notre propre aveuglement ou surdité, notre sélectivité implicite qui nous fait entendre ce qui rejoint nos valeurs et ignorer ce qui nous éloigne de nos croyances.

Un autre obstacle c'est la pitié, la pitié facile qui nous fait nous émouvoir et même nous indigner, simple exutoire à notre saturation, sans que cela laisse beaucoup de traces, sans que cela puisse s'inscrire dans une action de solidarité ou un engagement concret.

Aujourd'hui notre compassion a du mal à trouver un espace où se vivre, ce qui explique peut-être une de ses dérives les plus pernicieuses : l'auto-affliction. Cela consiste en un repli sur soi-même quand nous baignons dans l'impuissance et la plainte, quand nous sommes envahis par la tentation de la victimisation : « Comment, avec tous les problèmes que j'ai, puis-je encore m'occuper de ceux d'autrui ? Comment, avec toutes les difficultés que j'affronte, puis-je avoir assez d'énergie pour me sentir concerné par les malheurs d'un autre, et qui m'aidera si je ne fais rien pour moi ? »

Il est vrai que dans les moments où surgissent dans quelque partie du monde une catastrophe, un tremblement de terre, un raz de marée ou un tsunami, un réflexe de solidarité, une compassion se réveillent, une générosité spontanée se manifeste par des dons, par des secours offerts, mais le quotidien nivelle trop rapidement les enthousiasmes et les velléités s'éteignent vite, trop vite.

De plus, pour beaucoup aujourd'hui, l'inquiétude pour demain les pousse trop souvent à consommer le présent de façon compulsive, à ignorer la solidarité, à se réfugier dans le narcissisme et la complaisance envers soi-même, à survivre en somme. Seulement survivre ! Mais survivre n'est pas vivre.

La compassion ne peut s'apprendre, elle ne peut que se vivre au travers d'échanges et de partages portés par le bon, le tendre, le juste qui, telle une petite flamme fragile, ne s'éteint jamais en chacun.

# Vivre ensemble

Il ne suffit pas pour vivre ensemble d'appartenir au même peuple, d'être citoyens d'un même pays, de vivre dans la même ville, le même village ou sur la même île. Il ne suffit pas pour vivre ensemble en bonne entente d'être voisins, d'avoir quelques connaissances communes, de témoigner de sensibilités proches autour d'une action ou d'un centre d'intérêt communs, ni de se saluer lors de brèves rencontres au détour d'une avenue, chez l'épicier ou de boire un café sur la place du village. Encore faut-il accepter d'aller au-delà de la rencontre ou d'une reconnaissance visuelle vers les possibles d'un échange, vers une communication susceptible de déboucher sur des partages et de créer ainsi des liens.

Des liens non pour s'attacher ou se mettre en dépendance, mais pour créer un tissu social, un humus relationnel qui favorisera la circulation des échanges. Ce qui veut dire non seulement pouvoir se parler mais prendre le risque de se découvrir autour de quelques ancrages importants : oser se dire et être entendu, oser se faire reconnaître non dans ce que nous faisons, mais dans ce que nous sommes, oser se positionner, oser s'affirmer, dans le respect de l'autre et de soi-même.

Si « communiquer » veut dire « mettre en commun », la question va être : mettre en commun quoi ? Parler de soi ou parler sur les autres ? Privilégier la communication directe ou entretenir la communication indirecte ? S'exprimer sur ses rêves, ses désirs et sur ses projets ou décharger ses rancœurs ? Déposer des ressentiments ou manifester des enthousiasmes ? Développer des accusations et des reproches ou confirmer et soutenir ? Accueillir et amplifier ce qui vient de l'autre ou le contredire au risque de le disqualifier ? Adhérer avec ou sans réserve ou pouvoir se tenir à distance ?

Communiquer, ce sera accepter de découvrir nos points de semblance comme nos points de différence et être ainsi confrontés à nos zones de vulnérabilité, et à notre seuil de tolérance.

C'est vrai qu'il peut y avoir, dans un environnement ou un lieu de vie donné, entre des proches ou des personnes plus éloignées, des manifestations de solidarité, de l'entraide, du soutien, des relations privilégiées, des engagements plus ou moins forts et durables.

C'est vrai qu'il y a du plaisir à se retrouver, à se sentir en accord, en complicité avec certains.

C'est vrai qu'il y a aussi des communautés de vie, des adhésions réservées et même des réticences, des positionnements marqués par des engagements forts.

C'est vrai qu'il peut y avoir des clans, qui se transforment parfois en coteries avec des oppositions larvées ou manifestes.

C'est vrai que nous venons, les uns et les autres, de cultures, d'horizons parfois si divers qu'il paraît difficile de s'accorder avec tout le monde, de trouver des consensus qui semblent évidents aux uns et inacceptables à d'autres !

C'est vrai que peuvent se côtoyer des modes et des niveaux de vie très différents. Que nous pouvons être environnés d'hommes et de femmes qui affichent des choix affectifs ou sexuels aux antipodes des nôtres.

C'est vrai qu'il y a des égocentrismes un peu trop tapageurs et des allocentrismes un peu trop envahissants.

C'est vrai qu'il y a des rumeurs et parfois des craintes qui surgissent sans prévenir et qui modifient notre regard, notre disponibilité ou infectent nos relations.

Tout cela est vrai et plus que vrai. Et pourtant nous devons continuer à apprendre à vivre ensemble, que ce soit sur de courtes périodes ou à l'année, que ce soit avec ceux du bas ou ceux du haut, que ce soit avec nos voisins immédiats ou ceux qui le sont moins, que ce soit avec ceux qui vivent avec nous ou ceux qui ne font que passer quelques jours, car c'est bien nous qui avons choisi ce village, cette ville ou cette île dans lesquels nous vivons !

Mais pour apprendre à cohabiter, à se rapprocher, encore faut-il accepter de vivre ensemble la magie, les dérives ou les obstacles du quotidien. C'est l'espérance de beaucoup, la volonté de certains, la mienne en tout cas.

## Avons-nous perdu nos antennes sociales ?

Nous avons, je devrais dire nous avions, comme beaucoup d'autres espèces vivantes sur cette planète, des antennes grâce auxquelles, il y a encore quelques décennies, nous pouvions sentir plus ou moins proche la présence d'autrui, trouver la bonne distance, percevoir ou quasiment palper la qualité des relations qui nous étaient proposées et ainsi avoir des repères qui nous permettaient de nous montrer attentifs, chaleureux ou distants (ou aveugles) à l'égard d'autrui.

Aujourd'hui, je suis de plus en plus démuni quand je perçois dans de nombreuses situations de la vie sociale, comme celle de marcher dans une rue, d'attendre son tour au guichet de la poste ou dans d'autres lieux publics, la quasi-absence de sensibilité ou simplement de vigilance ou encore d'ouverture de certains de mes semblables à l'égard des autres. De plus en plus souvent, au quotidien de ma vie, j'ai l'impression non seulement de ne pas être vu, mais surtout de ne pas exister.

Ainsi quand je croise un groupe de personnes jeunes ou moins jeunes qui s'avancent face à moi, à trois ou quatre de front et qui ne vont pas dévier d'un centimètre leur trajectoire, m'obligeant à m'effacer contre un mur ou une vitrine, à descendre même du trottoir. Chez le dentiste, dans une gare, dans un bus ou dans le métro, il devient de plus en plus rare (et c'est une bénédiction quand cela se passe ainsi) de voir quelqu'un se lever pour laisser sa place à une femme enceinte ou à une mère tenant un bébé dans ses bras, ou proposer sa main pour aider une personne âgée à descendre du train.

Sourire, dire bonjour, s'enquérir du bien-être d'autrui ne se fait plus, ce n'est plus de mode. Nous vivons de façon de plus en plus anonyme, centrés sur notre propre personne, peu soucieux des autres. Pas le temps, pas d'intérêt, peu d'affect pour ce qui se passe autour de nous. Beaucoup ne semblent fonctionner – c'est le mot le plus juste – qu'en fonction de leur propre personne, enfermés dans leurs préoccupations, leurs ressentis intimes, leurs projets ou les urgences qui les habitent, se souciant peu ou pas de l'impact de leurs conduites, de leurs comportements ou de leurs décisions sur autrui.

Ainsi tout dernièrement, à un croisement proche de chez moi, une voiture est immobilisée au milieu de la chaussée, bloquant le passage à trois autres véhicules. Le conducteur consulte une carte, cherchant à mieux repérer sa position et peut-être sa destination. Il ne semble pas du tout percevoir la gêne qu'il déclenche. Il se montre irrité et agressif, quand un de ceux qu'il empêche de passer envoie un coup de klaxon discret pour tenter de l'informer de sa présence.

À l'arrivée d'un TGV, le bon sens voudrait de laisser au moins sortir ceux qui descendent, mais non, il y a toujours quelques impatients qui veulent entrer, forcer le passage et même bloquer le flux, tout en s'indignant d'être contrariés ou bousculés.

Un jour, je m'avance pour demander un renseignement, je souris, j'ai déjà ma phrase d'amorce dans la bouche : « Excusez-moi, puis-je vous demander quelque chose ? » mais je n'ai même pas le temps d'ébaucher mon sourire, la personne s'est reculée, le visage fermé, méfiante, craignant que je ne lui demande une pièce de monnaie ou que je lui prenne son sac.

Oui, je crois que nos antennes sociales, ces antennes si essentielles à la vie communautaire, à la solidarité possible et au partage, qui faisaient qu'on pouvait se reconnaître comme des humains, s'identifier comme semblables, sont tellement usées ou oubliées qu'il devient de plus en plus difficile de rester un être social, un être relationnel, suffisamment ouvert aux autres pour l'accueillir dans ses différences.

Apprenons à laisser repousser nos antennes pour pouvoir encore vivre ensemble, encore un peu !

## Être solidaire

Nous nous sentons fréquemment solidaires de ceux qui sont au loin, en Afrique, en Asie, dans des pays ravagés par la famine, la guerre, l'injustice, la pauvreté ou dévastés par des cataclysmes et des catastrophes dites « naturelles ». Alors témoigner d'une solidarité au quotidien d'une vie relativement confortable peut paraître inadéquat ou puéril. J'ose quand même.

Lors d'un récent passage à Paris, je patientais devant une station de taxis où les taxis semblaient très rares ! Trois personnes sont avant moi. Bientôt je suis seul à attendre. Arrive un couple essoufflé, j'entends la femme chuchoter à son mari : « Demande-lui, on ne sait jamais... » Enfin, après m'avoir regardé à trois reprises, l'homme s'adresse à moi d'une voix hésitante : « Accepteriez-vous de nous laisser votre place ? Nous devons prendre un avion et nous risquons de le manquer... » Et je dis oui, j'accepte en pensant à toutes les fois où j'aurais tellement aimé que quelqu'un fasse de même quand j'étais angoissé à la seule idée d'arriver en retard, de manquer un rendez-vous ou un train ! À toutes les fois aussi où je n'ai pas osé demander, comme cet homme, et prendre le risque d'une réponse. À toutes les fois où je suis resté seul avec ma peur, n'osant penser que quelqu'un me comprendrait et pourrait exceptionnellement me dépanner, me faire plaisir en me laissant son tour !

Je dis souvent que la vie contient beaucoup de cadeaux, mais peut-être nous est-il possible de devenir un cadeau pour autrui. Il s'agit souvent de petits gestes, d'intentions minimes comme de laisser passer quelqu'un, de libérer plus vite une place de parking, de céder sa place dans une file, de sourire, d'oser proposer, inviter à un partage possible...

Autrefois je ne savais pas que j'avais ces ressources en moi, mais je crois surtout que je n'osais pas imaginer que ce soit possible. J'éprouve depuis quelques années un besoin de plus en plus intense de solidarité, un besoin d'appartenance vis à vis de ceux qui m'entourent ou même de ceux que je ne connais pas, qui « ne me sont rien » comme on dit, mais qui sont là, vivants, même anonymes, dans mon environnement proche.

Je ne connais qu'à travers une photo cet enfant du Bangladesh pour lequel je donne depuis des années une toute petite somme afin qu'il puisse poursuivre ses études dans un collège et peut-être sortir d'une misère programmée.

Je ne rencontrerai jamais cette femme vouée à être lapidée pour avoir eu un enfant en dehors du mariage et pour laquelle j'ai déjà signé deux pétitions – ce qui dans un sens est bon signe, cela veut dire qu'elle est toujours vivante !

Je ne connais pas cet homme en prison qui me demande de lui offrir deux de mes ouvrages qui ne sont pas encore dans la bibliothèque de la centrale où il purge une peine de quinze ans pour homicide, mais je peux imaginer que l'un ou l'autre des textes qu'il pourra lire lui donnera peut-être plus de confiance dans son présent.

Je ne connais pas cette femme qui m'a écrit pour me demander un conte pour son fils qui a peur et qui pleure une grande partie de la nuit. Mais j'ai écrit, avec tant de plaisir, le « Petit conte d'une grande peur toute noire qui avait peur d'une toute petite peur toute blanche parce qu'elle pensait que pour être aimée, il fallait ne pas être noir ! » et je suis persuadé que cet enfant pourra entendre, au-delà de sa peur, le désir qu'il y a derrière.

Ainsi, de petits gestes en petits gestes, par des invites, des retraits discrets, des propositions ouvertes, je tente de tisser, de réparer parfois, comme tant d'autres, l'immense toile d'une solidarité possible qui permettra de recueillir quelques gouttes d'espérance pour mieux affronter l'indifférence, l'anonymat, la solitude et la détresse qui dominent dans ce monde violent autant que magnifique qui est le mien, le vôtre aussi.

# *Vivre à deux accordés ou désaccordés*

# Être ensemble

Il ne suffit pas d'être l'un à côté de l'autre ou de vivre dans le même appartement pour être ensemble, encore faut-il que soient réunies au moins trois conditions : se sentir reliés (présence d'une relation), que cette relation soit nourrie (de préférence par des messages positifs ou non polluants) et que la présence de l'autre nous donne la sensation de pouvoir être en accord, d'être plus nous-mêmes, donnant ainsi accès à une meilleure co-naissance de soi. À ces trois conditions s'ajoutent une quatrième, la possibilité d'avoir des projets en commun, et une cinquième, pouvoir déposer chez l'autre un rêve de vie.

En effet être bien ensemble va donner vie à une vibration subtile alimentée de ressentis qui vont résonner en écho chez l'un et l'autre : bien-être, ouverture, agrandissement, plénitude.

« Je suis bien avec lui. Je me sens à l'aise dans son silence, pleine dans ses regards. À son contact, j'ai l'impression de fabriquer du présent. C'est cela qui me semble le plus important, fabriquer un présent consistant, palpable. Pour moi qui suis une femme active, toujours en train de régler mille problèmes en même temps, avoir le sentiment que le temps vécu avec lui est un présent que je ne perdrai jamais me donne une sécurité incroyable. La présence de cet homme est inscrite en moi, dans chacun de mes pores… »

C'est une femme amoureuse qui écrit ainsi mais je crois qu'elle traduit avec justesse ce que devrait être le réel d'une rencontre : créer, fabriquer du présent et non se contenter de le consommer.

Beaucoup de relations de couple ne témoignent pas d'un « être ensemble », c'est-à-dire d'avoir le sentiment partagé d'une unité et parfois d'une union qui nous agrandit, nous prolonge et nous invite à donner et recevoir encore plus.

« J'ai eu le sentiment que nous étions vraiment ensemble, mon mari et moi, les trois premières années de notre mariage. Mais avec l'arrivée de notre premier enfant, puis l'année après du second, il semble que quelque chose se soit défait dans notre relation. Une distance s'est créée chez moi, je me sentais plus proche de mes enfants que de lui, mes priorités étaient clairement établies dans leur direction. Mais une distance s'est mise en place également chez mon mari : son travail a pris de plus en plus d'importance, il est devenu sa priorité et je suis passée au deuxième plan, sinon au troisième, car ses enfants, surtout sa fille, mobilisaient beaucoup de ses attentions et de son amour. »

Il y aussi chez certains un besoin excessif et parfois pathologique d'être ensemble, de rester ensemble à tout prix.

« Être ensemble pour lui, cela voulait dire faire tout ensemble, tout se dire, ne vivre que l'un par rapport à l'autre. Je n'avais plus aucun espace d'intimité, plus de temps à moi, je devais rendre compte de ce que je faisais, vivais, ressentais en dehors de lui. Et même quand j'étais toute proche de lui, un peu rêveuse, il me demandait où j'étais, à quoi je pensais. Son besoin d'être toujours auprès de moi, de contrôler, devenait de plus en plus insupportable, j'étouffais. Chaque fois que je tentais de prendre un peu de recul, de distance ou que je me différenciais de lui à propos d'une opinion, d'un goût, d'un projet, il se raidissait, cherchait à me convaincre que je devais quand même penser, faire, éprouver comme lui. Quand j'ai fui le domicile conjugal et que j'ai demandé le divorce, il a tenté de me convaincre de renoncer et puis un jour il a frappé à ma porte, j'ai ouvert et je n'ai pas eu le temps de dire un seul mot, il avait un revolver à la main et a tiré deux coups sur moi. J'ai survécu. Dans mon lit d'hôpital je pensais à la petite fille que j'avais été, à tous les rêves d'indépendance qu'elle avait eus et je lui répétais sans cesse : “Tu as le droit de vivre.” C'est elle qui m'a sauvée. Je ne sais pas si aujourd'hui je prendrais à nouveau le risque de vivre avec un homme… »

Être ensemble et pouvoir rester ensemble suppose de trouver la bonne distance entre une intimité commune qui sera partagée et une intimité personnelle qui sera réservée, de pouvoir faire cohabiter harmonieusement fidélité à l'autre (engagement et choix de vie) et fidélité à soi-même (respect de ses valeurs et de ses choix). Être ensemble reliés sans être attachés et contraints.

## Femmes et hommes, osons communiquer

Les relations hommes-femmes, chacun d'entre nous a pu le constater, sont souvent chargées d'incompréhensions, voire de malentendus. On me demande fréquemment si une vraie communication entre hommes et femmes est possible. Je n'ai aucune hésitation : bien sûr que c'est possible, mais à condition de s'en donner les moyens, de dépasser les conditionnements engrangés dans l'enfance, d'oser se confronter à quelques vieux démons et de mettre en pratique quelques règles d'hygiène relationnelle.

Je voudrais rappeler que « communiquer » signifie « mettre en commun », et que la question la plus importante qui devrait être mise en avant dans tout échange est : mettre en commun quoi ? Est-ce que je vais mettre en commun avec celui ou celle qui partage ma vie des plaintes, des critiques, des reproches, des accusations qui peuvent dévitaliser notre relation ? Est-ce que je vais imposer mes choix de vie, mes désirs, déposer mes peurs ou mes angoisses ? Ou est-ce que je suis capable de mettre en commun des stimulations, des invitations, des confirmations qui vont nourrir et dynamiser nos échanges et nos partages, sur ce qui est essentiel pour l'autre ou pour moi ?

Il convient de préciser aussi que communiquer se fait autour de deux axes, de préférence en réciprocité, c'est-à-dire valables pour moi et l'autre :

* Pouvoir me dire et laisser à l'autre la possibilité de se dire, si telle est son attente.
* Me sentir entendu et avoir la capacité d'entendre l'autre s'il en a le désir.

Il s'agit de faire que chacun puisse se dire sans censure, sans réserve, sans penser à la place de l'autre que cela pourrait le blesser ou qu'il (elle) ne comprendra pas. Bref de ne pas pratiquer l'équivalent d'une véritable répression imaginaire, qui a toujours d'excellents alibis pour nous pousser à penser à la place de l'autre, à vouloir pour lui ce qui, croyons-nous, serait bon, à anticiper ses désirs, à vouloir à tout prix son bonheur à partir de nos propres critères. La répression imaginaire est semblable à un virus redoutable pour dévitaliser les relations proches.

Communiquer c'est pouvoir se dire dans les différents registres qui nous habitent l'un et l'autre, tel celui des idées, des faits qui traversent ma vie ou la sienne, du ressenti ou du vécu qui sont les miens ou les siens, des émotions qui m'agitent ou qui surgissent chez l'autre, du retentissement qui peut être réveillé en moi ou en l'autre au travers de l'échange que nous avons à un moment donné. Et aussi que chacun puisse se sentir entendu dans le registre avec lequel il parle : si j'exprime un de mes ressentis, je veux être entendu dans ce ressenti-là, même si l'autre n'éprouve pas le même.

Il faut savoir que la partie aveugle de la communication (propre à beaucoup d'entre nous) est l'écoute ! Nous avons du mal à écouter.

Écouter et entendre suppose d'être capable de se décentrer, de ne pas ramener à soi ce que nous dit l'autre quand cela le concerne. Mais aussi de savoir laisser chez celui qui s'exprime ce qui vient de lui, quand ce n'est pas bon pour nous.

Il faut savoir également que dans un échange, ce que nous

dit l'autre (surtout quand il est proche de nous, comme dans une relation amoureuse ou de couple) fait résonner ou retentir souvent quelque chose de notre histoire ou de nos expériences, nous avons alors tendance à répondre trop vite ou à nous défendre et donc à recouvrir parfois, par notre propre discours, ce que tente de nous dire celui ou celle qui est en face de nous.

« Je viens d'entendre à la radio, dit l'une, que 70 % des divorces sont demandés par les femmes, je trouve qu'il leur faut du courage pour prendre ce risque ! » Et l'autre de répondre : « Il y en a qui se débrouillent très bien en divorçant et de toute façon, aujourd'hui les femmes sont d'une exigence folle, elles veulent que leur partenaire soit parfait, solide et vulnérable, fort et doux, compréhensif et en même temps décisionnel. Si elles ne sont pas satisfaites du mariage, elles ne devraient pas se marier et rester vieilles filles ! » Dans ce court échange, ce n'est pas la statistique qui est importante, mais ce que tente de dire cette femme à son partenaire, ce qui est touché en elle. Et lui, qui ne semble pas l'entendre, lui répond à partir de ce qui retentit chez lui !

Se rappeler enfin que dans un échange il convient de ne pas confondre la mise en mots et la mise en cause : « Quand j'ai tenté de te dire ce que j'ai senti ou ce que j'ai éprouvé hier soir au moment où tu as parlé de notre intimité à nos amis, ce n'est pas toi que je mets en cause, je tente seulement de te dire, de porter à ta connaissance ce qui a été blessé en moi et que j'ai envie de partager avec toi. Si tu te défends tout de suite, je ne peux plus me dire. »

C'est un des malentendus les plus fréquents dans la vie de couple et qui nous fait éprouver ce ressenti douloureux, celui de se sentir rarement entendu par la personne la plus proche de nous, celle qui partage souvent l'essentiel de notre intimité !

Nous devons développer notre capacité (ce qui n'est pas

toujours facile, suivant notre disponibilité ou notre fatigue) à proposer une écoute active. C'est-à-dire une écoute centrée sur la personne et non sur ce qu'elle dit, non pas sur le problème mais sur la façon dont elle le vit ! Ce ne sont pas les circonstances, le déroulement des faits ou ce qui s'est passé qui est le plus important, c'est comment tout cela a été vécu. Or dans un échange intime, le registre le plus méconnu est souvent celui du ressenti.

« Tu sais, je me sens humiliée chaque fois que mon chef de service se colle à moi pour m'expliquer quelque chose que je connais pourtant très bien !

– Oh, ce n'est pas grave, il a soixante-quatre ans et dans deux ans il sera à la retraite !

– Ta réponse me perturbe, je ne me sens pas entendue, ce n'est pas de mon chef de service que je te parle mais de moi, de ma gêne, de mon humiliation ! »

Le registre du ressenti correspond à notre besoin d'exprimer ce que nous éprouvons tout à l'intérieur de nous, face à l'autre, et cela en fonction de notre sensibilité, de nos valeurs ou croyances, ou encore à partir de l'impact d'un comportement, d'une parole ou d'un geste qui va nous toucher ou nous interpeller. « Si ma femme me dit quand je rentre du travail : Je suis inquiète, ma mère est allée consulter un médecin et il pense qu'elle a un cancer, l'essentiel de ce qu'elle me dit, c'est son inquiétude, ce qui résonne en elle dans son imaginaire, dans son histoire d'ex-petite fille, par rapport au cancer à venir de sa mère. Et c'est dans ce registre qu'elle souhaite être entendue, par celui qui est le plus proche d'elle, moi son mari. »

Le plus souvent la qualité et la profondeur d'un échange en couple dépendront de ce que j'appelle l'« écoute participative ». Si nous pouvons en effet « redonner », reformuler à celui ou celle qui parle ou ce qu'il ou elle vient de nous dire : « Dans ce que tu dis, voici ce que j'ai entendu », nous allons éviter la plupart des distorsions qui se créent entre ce qui a été exprimé et ce qui est reçu par celui ou celle qui écoute.

Pour moi une communication pleine se fait autour de quatre ancrages, qui doivent être présents pour donner à chacun cette liberté d'être qui est si précieuse dans un couple :

* Oser dire les faits (que s'est-il passé ?).
* Oser exprimer le ressenti (ce que j'ai éprouvé).
* Oser accueillir en soi le retentissement (ce qui a résonné en moi).
* Oser dissocier le réel de l'imaginaire (éviter amalgame et confusion entre ce qui s'est passé hors de moi et ce qui se passe dans ma tête).

Quand l'un de ces points manque, la communication est incomplète et le plus souvent la relation sera en souffrance.

Ce qui peut donner à une relation intime une profondeur et une qualité qui seront appréciées par chacun des protagonistes, c'est la possibilité pour chacun de sentir que ses besoins relationnels seront respectés. Je rappelle ici une fois de plus les sept grands besoins relationnels qui vont nourrir la Vie qui est en nous, nous aider à tisser la trame de notre existence et ainsi consolider notre relation aux autres :

* Besoin de se dire : avec des mots à moi.
* Besoin d'être entendu : dans le registre dans lequel je parle.
* Besoin d'être reconnu : tel que je suis et non tel que l'autre me voudrait.
* Besoin d'être valorisé : d'avoir le sentiment que j'ai une valeur.
* Besoin d'intimité : dans le respect de mes croyances, de mes valeurs, de mon territoire, de mon temps.
* Besoin d'influencer et de créer : d'exercer un changement possible sur mon environnement (ce besoin aujourd'hui

est très maltraité, nous sommes devenus, trop souvent, des consommateurs manipulés, des citoyens sous-informés et donc dépendants de soi-disant experts !).

* Besoin de rêver : de pouvoir anticiper que notre relation peut s'améliorer.

Il est possible que dans un couple l'un ou l'autre des partenaires ait d'autres besoins, mais il me semble que ceux dont je viens de parler sont au cœur de notre existence et que leur méconnaissance ou leur maltraitance peuvent compromettre le devenir d'une relation conjugale.

En devenant adultes, nous devons apprendre à prendre soin de nos besoins, sans avoir « besoin » que l'autre les prenne en charge. En effet, quand nous sommes enfants, c'est à nos parents, à nos enseignants ou aux personnes qui accompagnent notre vie de prendre soin de nos besoins relationnels, d'en avoir le souci et de veiller à ce qu'ils soient respectés et comblés au maximum. Devenir adulte, c'est se séparer de cette dépendance-là !

Il faut savoir aussi qu'il y a un lien étroit entre notre état de bien-être et de santé, et la qualité des relations intimes, vécues au quotidien. Cela devrait nous conduire à nous interroger sur l'origine des maladies (le mot le dit bien : mal-à-dire) qui surgissent dans notre vie. Sans confondre la cause (l'élément déclencheur) et le sens que va avoir chacune de nos somatisations, chacun de nos dysfonctionnements ou carences physiologiques. Lorsque ces somatisations se manifestent, elles sont le signe que nos relations les plus essentielles ne sont pas tout à fait satisfaisantes. Je résume cela dans une formule qui parle d'elle-même : quand il y a le silence des mots, se réveille la violence des maux.

Autrement dit, ce que je ne peux résoudre, dépasser dans certains échanges, ce qui me déséquilibre, ce qui entretient un conflit en moi, ce qui fait que je me sens dépendant, aliéné parfois dans une relation, peut se traduire par une mise en maux, par des accidents, par des dysfonctionnements au niveau de mes organes vitaux (cœur, foie, estomac, dos, vessie, locomotion…). Les maladies sont des langages symboliques, métaphoriques avec lesquels nous tentons de crier l'indicible ou l'insupportable d'une relation dans laquelle nous sommes très engagés affectivement.

C'est pour cela que j'invite chacun, à l'intérieur d'un couple ou d'une relation de compagnonnage, à pratiquer régulièrement ce que j'appelle un « nettoyage de la tuyauterie relationnelle ». Nettoyage qui permettra en particulier de remettre chez l'autre les messages toxiques qu'il a pu déposer sur nous, de lui restituer symboliquement (à l'aide d'un objet et d'un mot explicitant qu'il s'agit d'une démarche symbolique) la violence de certains de ses comportements, de ses gestes ou des attitudes qu'il a pu avoir envers nous. Cette démarche me semble libératrice, car elle permet de retrouver de l'énergie, de régénérer l'image de soi, de retrouver de la confiance, de se réapproprier une estime, d'agrandir en nous l'amour de soi et par là même de redynamiser la relation du couple.

Je peux donc imaginer que si nous apprenions à mieux communiquer avec soi-même (être un meilleur compagnon pour soi) et avec autrui, nous aurions un bien-être intime, un état de santé beaucoup plus fiables, une résistance aux agressions bactériennes ou virales plus grande.

Si nous savions mieux intérioriser, dans une vie de couple, une attention vigilante à une vie relationnelle plus consciente, nous pourrions accéder à des relations de qualité qui favoriseraient l'épanouissement de chacun. Tout en étant conscients que cette démarche sera dynamisée ou freinée par plusieurs enjeux :

* Notre capacité à changer, à nous remettre en cause, à sortir du piège le plus fréquent en matière de communication : l'accusation de l'autre (c'est ta faute, tu ne comprends rien,

tu veux toujours avoir raison) ou l'auto-accusation (oui, mais moi je n'ai pas reçu l'éducation que tu as eue, mes parents à la différence des tiens ont divorcé, je n'ai pas eue un environnement favorable qui aurait stimulé mes ressources, etc.).

* Notre faculté à intégrer dans notre relation quelques règles d'hygiène relationnelle à pratiquer au quotidien.
* Notre ouverture à un travail personnel pour découvrir qu'il est possible d'apprendre à communiquer, c'est-à-dire à mettre en commun, à tout âge.

Ainsi il nous sera possible d'intérioriser quelques outils, quelques règles d'hygiène relationnelle qui sont non seulement accessibles à chacun, mais transmissibles. En prenant non seulement conscience, mais en mettant en pratique que nous sommes toujours trois dans un échange : l'autre, moi et la relation qui nous relie. Que je suis responsable d'un bout de la relation et l'autre du sien !

Cela favorise des échanges en réciprocité, gagnant-gagnant. Relations dans lesquelles chacun des protagonistes peut recevoir et donner, accepter ou refuser, se positionner et se définir, affirmer ses idées, ses croyances, son vécu, énoncer son ressenti et ses sentiments réels.

## Importance du lien

Nous sommes des êtres de relation et nous avons tous besoin d'être reliés non seulement à des êtres significatifs ou à des situations structurantes, à des projets ou à des rêves, mais aussi à notre environnement proche ou plus lointain et peut-être à l'ensemble du cosmos ! Même si ce dernier lien nous semble, aujourd'hui, encore chargé de mystères et de contradictions pour notre mental.

Les premiers liens se construisent dans une interdépendance mutuelle entre le bébé et sa mère ou celle qui la remplace. À ce premier lien vont s'ajouter d'autres liens plus ou moins solides, plus ou moins incertains, qui vont nourrir, stimuler ou fragiliser notre approche du monde. La nature d'un lien est complexe, car il est porteur de messages très différents pouvant susciter de l'attachement, de l'enfermement, de l'étouffement, voire de l'aliénation et même une destruction programmée, ou au contraire pouvant être nourriciers, libératoires, avec une invitation à croître, à développer une autonomie et une indépendance authentiques.

Il est des liens qui se construisent sur le partage, la réciprocité, la recherche d'une harmonie, et d'autres sur le besoin de contrôle, d'une mainmise visant à la soumission, dans une asymétrie plus ou moins oppressante, qui sera, le plus souvent, entretenue par les deux protagonistes. D'autres liens peuvent s'inscrire dans des rapports de force de type dominant-dominé ou bourreau et victime dans lesquels l'un utilise tous les moyens à sa disposition pour maintenir l'autre sous son influence, au service de ses désirs ou de sa volonté.

Au-delà d'une rencontre anticipée ou fortuite, d'un télescopage inattendu entre deux personnes, le lien, tel un canal, un pont ou une passerelle fragile, est ce qui va permettre à une relation de se construire, dans une durée qui sera fonction des gratifications ou des frustrations, du bien-être ou du mal-être qui vont circuler entre les deux protagonistes.

Un lien sera nourri par les messages explicites ou implicites, verbaux ou non verbaux, qui vont s'échanger d'une personne à une autre. Messages qui seront reçus ou rejetés, amplifiés ou disqualifiés. C'est à la fois l'intentionnalité et la nature positive ou négative de ces messages qui vont alimenter, dynamiser ou blesser une relation. Même s'il est chargé d'amour ou d'intention bienveillante, un lien peut se dévitaliser à l'autre bout de la relation si le récepteur est fermé, rejetant ou disqualifiant, s'il ne peut accepter ce qui vient jusqu'à lui. Rappelons que c'est celui qui reçoit le message qui lui donne un sens et qui, en retour, confirme ou infirme la valeur de ce qui a été envoyé, valorisant ou dévalorisant par là même l'émetteur.

Même alimenté ou entretenu à sens unique, un lien peut survivre longtemps, dans une dynamique parasitaire qui peut combler l'un et désespérer l'autre. Il est des liens, ceux du sang en particulier, qui semblent inaltérables même quand ils sont violentés ou maltraités, ils vont nous accompagner tout au long de notre vie et perdurer parfois même après la disparition de l'un ou l'autre de nos parents ou membre de notre fratrie.

Les liens amoureux, à notre grand désespoir quand nous le découvrons, sont plus fragiles, car nul ne sait à l'avance la durée de vie d'un amour. Il y a dans la relation amoureuse une part de mystère et d'imprévisible qui échappe à notre volonté. Aussi est-il important de respecter, de protéger et de dynamiser ces liens, car ils sont porteurs de tous les émerveillements, comme de toutes les souffrances possibles quand nous les maltraitons !

Quant aux autres liens qui alimentent le quotidien de notre existence, nous pouvons veiller à les garder vivants, disponibles et ouverts, car c'est par eux que passent le ferment, la richesse de tout ce que nous pouvons donner et recevoir pour continuer à nous tenir debout face au monde qui nous entoure. Un lien positif, vécu au présent, peut se prolonger longtemps dans notre devenir et même nous réconcilier avec notre passé.

# Les voleurs de temps

J'ai emprunté cette expression à un journaliste vaudois, Jean-François Duval, dont j'ai eu à plusieurs occasions le plaisir d'apprécier la finesse des analyses. « Voleurs de temps », ces termes me semblent témoigner, avec une grande justesse, d'un phénomène qui pour être récent n'en est pas moins envahissant.

Ce sont d'abord tous ceux (et ils sont de plus en plus nombreux et pugnaces) qui m'appellent au téléphone à l'heure justement où certains de mes enfants (éparpillés de par le vaste monde) veulent me parler ou à l'instant même où je souhaite dire quelque chose d'important à ma compagne. Il s'agit parfois de connaissances qui me déclarent qu'elles ne veulent surtout pas me déranger, mais qui vont m'immobiliser durant deux heures pour me raconter (pour la centième fois) leurs malheurs et surtout leur grande habileté à les entretenir. Il y a aussi ces intrus qui veulent s'introduire dans mon intimité en me demandant si je suis bien Mme Salomé (!), et qui malgré mes dénégations enchaînent aussitôt sur l'intérêt que j'aurais à connaître tel produit miraculeux, tel matériel tout à fait exceptionnel ou encore tel matelas pour mieux dormir et rêver, ou encore qui me proposent des abonnements à des revues (dont je n'ai que faire) en m'offrant en cadeau un magnétoscope magnifique, payable en six mensualités dont la première est gratuite… Je sais bien que ces femmes ou ces hommes qui m'appellent le font dans le cadre de leur travail, qu'ils tentent de gagner leur vie et qu'ils sont exploités, eux aussi, dans leur intimité. Ils n'en sont pas moins des voleurs de temps, même s'ils paraissent moins redoutables que tous les autres.

Les autres sont ceux qui, plus anonymes et plus puissants, vont décider dans le ouaté de leurs conseils d'administration de licencier, de réduire tels ou tels emplois. Ces décideurs en costumes trois pièces qui vont écrémer dans toutes les entreprises (en particulier dans le secteur du commerce et des services), qui réduisent le personnel directement au contact du public au strict minimum. Ce qui nous oblige, nous les clients, à toute heure du jour, à faire la queue pour la moindre course : dans les services publics bien sûr, mais aussi à la poste, dans les pharmacies, dans les grandes et petites surfaces, bref dans tous les lieux indispensables où nous devons nous rendre ! Ils volent notre temps qui est gratuit pour eux, que nous leur donnons en attendant patiemment dans une file que notre tour vienne. C'est notre temps qui va compenser l'absence (organisée) et la pénurie (volontaire) d'employés qui devraient être là pour nous servir. Ils ont trouvé la recette miracle pour maintenir leurs bénéfices au plus haut niveau : alléger la masse salariale. En nous faisant attendre dans une file interminable, ils récupèrent le temps qu'ils auraient payé à des employés qui, en nombre suffisant, auraient assuré le même service avec moins de temps d'attente pour chacun d'entre nous. Ces voleurs de temps récupèrent ainsi, d'une façon subtile, une partie du temps libre qui nous avait été donnée par les trente-cinq heures !

Ces voleurs de temps, de notre temps, ne seront jamais pris la main dans le sac, ils œuvrent en toute impunité dans une société où la course au profit, la rentabilité sont élevées au rang de religion. Ils nous dépossèdent d'une richesse intime, personnelle, la seule richesse qu'on ne peut thésauriser : notre temps de vie.

Ces voleurs de temps sont aussi des assassins qui nous poussent à courir après le temps, à nous essouffler, à désespérer d'atteindre un jour le plaisir de ne plus dépendre de décisions qui ne sont pas les nôtres et d'accéder à ce que j'appelle la « liberté d'être ».

## Les ayatollahs de la relation

Nous avons tous besoin de croyances. Nous avons besoin de croire au visible même s'il prend parfois des apparences trompeuses et aussi aux ressources de l'invisible voire du surnaturel pour donner plus de profondeur, d'ampleur, de cohérence et d'espérance à notre existence. Nous avons besoin de croire à l'irrationnel, voire au surnaturel pour nous permettre de dépasser nos contradictions, nos sabotages ou nos doutes qui parfois nous paralysent ou nous entraînent très loin de nous-mêmes.

Nos croyances peuvent se focaliser sur la présence bienveillante de dieux ou d'un Dieu unique qui dans l'au-delà veillerait sur nous, sur l'accompagnement d'un ange gardien, sur l'existence de forces, d'énergies qui seraient à notre disposition, sur des pouvoirs que certaines personnes ont ou pourraient avoir de nous soigner, de nous réparer, de nous guérir.

Ces croyances nous aident non seulement à traverser les moments difficiles mais aussi à nous donner plus de consistance, à développer des actions, à nous mobiliser pour des causes humanitaires, à nous engager contre l'injustice, à offrir plus de compassion et d'amour à nos semblables.

Mais ces croyances contiennent aussi un risque important, celui d'entretenir des dépendances, de nous déresponsabiliser quand nous attendons trop de l'autre, du ciel ou d'une entité divine la réponse, la solution que nous souhaitons, le secours que nous réclamons. Tel Samuel, cet homme très pieux et très pauvre qui priait son Dieu, deux fois par jour, avec une prière fervente : « Seigneur, Seigneur, fasse qu'un jour je puisse gagner le gros lot de la Loterie nationale... » Et quelque soixante ans plus tard, il entendit un soir une voix lointaine, un peu lasse, lui chuchoter : « Samuel, Samuel, homme pieux, je voudrais tellement faire quelque chose pour toi, si seulement tu prenais un jour un billet ! »

Il existe des personnes dont les croyances sont devenues des certitudes et même des impératifs à valeur universelle. Certitudes non seulement inébranlables, mais qui en plus ont besoin de s'imposer aux autres : « Tu dois me croire, tu dois croire qu'il y a des anges, des entités bienveillantes (ou malfaisantes), des êtres de lumière... », « Si tu ne peux faire tiennes mes idées, c'est que tu es mauvais, tu ne peux continuer à vivre ! », « Si tu n'acceptes pas de croire en ce que je dis, c'est que tu es mon ennemi... », « Moi je ne peux pas discuter avec quelqu'un qui n'a pas fait une psychanalyse, qui ne connaît rien à la programmation neurolinguistique (ou à la kinésiologie, etc.) ». Il y ainsi des intégristes, des ayatollahs de la relation dans tous les domaines, qui veulent imposer leurs croyances à tous ceux qu'ils rencontrent, au besoin par la menace ou la coercition !

Même si cela ne s'exprime pas toujours sous une forme aussi directe et brutale, les ayatollahs de la relation sévissent dans tous les milieux. Ils sont particulièrement actifs dans le milieu familial et transforment en diktats le moindre conseil, ils s'imposent dans certaines religions, ils terrorisent et mettent en dépendance les plus vulnérables, ils veulent convaincre, convertir à leurs croyances ou au bien-fondé de leur démarche le maximum de personnes. Ils sont redoutables, persuasifs, intrusifs et ne se découragent jamais de vous dire combien vous allez être plus heureux, plus épanoui, plus aimé ou meilleur si vous épousez leurs idées, si vous entrez dans leurs certitudes, si vous suivez leurs préceptes.

C'est ainsi que certaines personnes ne se libèrent jamais d'une dépendance. Elles peuvent quitter une dépendance à l'égard de leur famille, d'une foi, d'une addiction ou d'un amour pour entrer dans la dépendance à une croyance qui se veut une certitude plus grande, plus évidente et qui va les maintenir dans la soumission ou l'acceptation passive de ce qui leur sera présenté comme la Vérité.

Gardons-nous de tous les ayatollahs qui peuvent sévir de par le monde… y compris ceux qui œuvrent dans les relations humaines en proposant secours, aide, solutions à tous les problèmes !

# Aller au-delà du pardon

Je ne suis pas du tout un adepte du pardon, du moins tel qu'il est habituellement énoncé, et qui consisterait pour celui qui accorde son pardon à se sentir soulagé, à se croire libéré d'une injustice ou d'une violence reçue. À croire à la réconciliation, parce qu'il a donné un quitus et déchargé de tout remords celui ou celle qui l'a blessé, humilié ou exploité.

J'en viens même à penser que le pardon peut être l'équivalent d'une double tromperie : l'une envers celui qui pardonne et l'autre envers celui qui est pardonné. Car accorder son pardon à celui qui nous a violentés, c'est toujours garder en soi l'impact de la violence que nous avons reçue de sa part.

Je sais que le pardon, tel qu'il est pratiqué en Occident, soulage les tensions, indique un renoncement aux ressentiments, implique l'abandon d'une vengeance, apaise les malaises qui subsistaient entre l'agressant et l'agressé. Ce n'est pas un hasard si le pardon a été si valorisé, si apprécié dans la culture judéo-chrétienne et s'il revient en force dans les valeurs morales qui seraient à cultiver. Au cours des siècles, le pardon est devenu une institution qui a renforcé, le plus souvent, le pouvoir dominant. Car de fait, c'est la victime qui est invitée à pardonner au plus fort, à celui qui a détenu le pouvoir de lui faire mal et qui en a abusé…

Il me semble que l'on va plus loin que le pardon en pratiquant ce que j'appelle la « restitution symbolique » d'une violence reçue, d'une maltraitance imposée, d'un geste, d'un comportement, d'une parole qui nous a porté préjudice. Cela en remettant chez l'autre, par la médiation d'un objet symbolique (qui représentera la violence reçue), ce qui nous a blessés et que nous ne souhaitons pas garder dans notre corps ou notre esprit. Cette restitution, je l'ai dit, doit être accompagnée d'un écrit, qui mentionne qu'il s'agit bien d'une démarche s'adressant non à la personne d'aujourd'hui, mais à celle qui nous a blessés en son temps…

Le seul pardon qui me paraîtrait acceptable serait celui qu'on pourrait se faire à soi-même, d'avoir trop longtemps attendu pour mettre fin à une situation qui nous a fait violence et dont la trace ou le souvenir en nous a été parfois si traumatisant durant des années. Le seul pardon que l'on puisse s'accorder, c'est à son propre égard, pour n'avoir pas restitué plus tôt les violences reçues et les avoir laissées, parfois, s'enkyster durant des années dans son corps. Cette non-restitution sera d'ailleurs à l'origine d'un certain nombre de somatisations graves. Autant d'agressions qui se réveillent des années plus tard, même après qu'on a « pardonné » sans avoir restitué symboliquement ce qui nous a blessés.

On me demande souvent : « Vous pensez que ce seul acte, lié à une restitution symbolique d'une violence reçue, suffit à retrouver la paix en soi ? » Ce n'est pas tant l'acte en lui-même, c'est tout le chemin qui y conduit qui contient les germes d'une réconciliation avec soi-même, source d'une libération d'énergie extraordinaire.

Nombreux sont les témoignages à en exprimer tous les bienfaits. Nous pouvons en effet remettre, à tout âge, chez l'autre un objet symbolique qui représente la violence morale, physique, relationnelle subie, pour ne pas la garder présente dans notre corps, dans notre esprit, dans la mémoire active ou passive de nos souvenirs.

Prenons un exemple, plus fréquent qu'on ne l'imagine. Celui du monsieur qui a violé cette petite fille de huit ans, qui lui a imposé silence, au point qu'elle n'a pu parler à personne de ce qui lui était arrivé. Ce qui est certain, c'est qu'elle a encore dans son corps, dans son esprit, l'empreinte de cette violence. Aujourd'hui, celui qui a fait violence est devenu un vieux monsieur de quatre-vingt-cinq ans, et la petite fille une adulte active engagée dans la vie. Ils peuvent parfois se croiser dans la rue, sans se reconnaître, lui étant à moitié aveugle, marchant difficilement. L'ex-petite fille pense avoir digéré, assumé la violence reçue il y a si longtemps, elle peut mentalement lui pardonner, lui donner quitus, le libérer en quelque sorte du mal qu'il lui a fait, et donc le décharger en quelque sorte de sa responsabilité. Et dans un premier temps, c'est vrai qu'elle peut éprouver un soulagement, celui d'avoir renoncé au ressentiment. Mais la violence reçue dans son corps est toujours là ! Pressentie comme une bombe à retardement !

De nombreuses discussions et débats ont surgi autour de ma position qui est de récuser le pardon pour oser restituer symboliquement la violence reçue à celui qui l'a déposée en nous. « C'est vrai que la violence que j'ai reçue dans mon corps sera la même, que je pardonne ou pas, me disait récemment une femme violentée. Si je pardonne à celui qui m'a fait mal de m'avoir fait du mal, j'ai l'impression que c'est à moi que je fais du bien. En ce sens, le pardon me place au-delà de la souffrance, elle n'est plus devant moi, elle est derrière. En pardonnant, ça ne change rien aux faits, mais c'est pour moi l'équivalent d'une victoire sur la souffrance. À mes yeux, cela implique un cheminement intérieur, qui dépendra aussi de l'intensité de la souffrance qui m'habitait. Tout dépendra aussi de mon renoncement à la satisfaction de punir l'autre, de le confronter à son acte en déclenchant une sanction de la part de la société, si son acte est répréhensible. »

Une démarche de symbolisation se situe sur un plan relationnel et non légaliste. Elle vise essentiellement à la réappropriation d'une parole, à une meilleure définition de soi pour redevenir sujet, dans une situation où l'on s'est senti objet, chosifié par l'agresseur.

Il y a cependant un risque de confusion entre trois phénomènes très différents : la violence reçue (acte, parole, comportement), la blessure créée (suite à la violence) et la souffrance produite (quand la blessure reste à vif ou est réveillée par une situation présente). La violence reçue vient d'un tiers, la blessure créée est en nous et la souffrance (qui est en quelque sorte le langage de la blessure), c'est bien nous qui la produisons.

Le pardon effectivement semble diminuer, dans un premier temps, la souffrance, car il apaise la blessure, il peut nous faire ressentir l'équivalent d'une réconciliation, d'une réunification avec soi-même, d'où le bien-être et le soulagement que nous éprouvons quand nous avons pu pardonner, comme cela est souligné dans le témoignage cité, il peut nous aider à atténuer l'impact de la souffrance, à cheminer vers plus de distanciation. Mais il convient de préciser aussi que la souffrance ne vient pas de l'autre, elle vient de quelque chose en nous-mêmes, de la blessure provoquée ou réveillée par la violence reçue à un moment donné. Et cela sera parfois d'autant plus douloureux s'il s'agit d'une blessure ancienne, qui est restée engrangée dans ce que j'appelle la « mémoire de nos oublis ». Donc si la violence reçue n'est pas restituée symboliquement, elle continue à entretenir, à stimuler ou à nourrir la blessure, en quelque sorte à l'infecter. Une blessure peut être apaisée, mais elle sera toujours présente en nous, potentiellement en attente d'être réouverte. Elle peut se réveiller des années plus tard à l'occasion d'une parole, d'un geste d'une personne qui n'a rien à voir avec l'agresseur originel et sécréter une nouvelle souffrance. Ce qui paraît le plus souvent incompréhensible à celui ou à celle qui l'a réveillée, sans même le savoir, par une attitude banale, une phrase anodine !

Il faut également parler de ce que j'appelle l'« autoviolence », que nous produisons à l'égard de nous-mêmes, et qui vient le plus souvent entourer la violence originelle. Ainsi dans l'exemple d'un viol, la petite fille, puis la jeune fille, la femme par la suite, peut faire des cystites à répétition, avoir des hémorroïdes, des troubles gastriques (très fréquents) ou des blocages dans ses relations sexuelles présentes. Parfois même, et c'est terrifiant de ne pas en être conscient, l'autoviolence peut durer des années et devenir ainsi plus dévastatrice que la violence première.

Depuis plusieurs décennies, j'enseigne la pratique des actes symboliques, dans un concept lié aux soins relationnels. Actes symboliques qui visent non pas à soigner la souffrance, mais à cicatriser la blessure en restituant, à l'aide d'un symbole, une violence ou une maltraitance imposée.

Pour ma part, je ne souhaite pas que le pardon, quand il est offert, puisse renforcer le pouvoir dominant. Car c'est le plus souvent la victime qui est incitée à pardonner à son bourreau, au puissant. À donner une sorte de quitus à celui qui a fait le mal et peut-être ainsi à cautionner des comportements de violences futures. Il est possible à une mère de pardonner à son fils de l'avoir volée, ou de ne jamais lui rendre visite, sans pour autant cautionner ses actes. Des parents meurtris arrivent parfois à pardonner au meurtrier de leur enfant et apaiser ainsi une partie de leur désarroi. Ils peuvent pardonner sans pour autant renoncer à réclamer contre lui une sanction. Le pardon ne redonne pas la vie, il permet un lâcher-prise sur le ressentiment qui est l'équivalent d'un poison.

Dans une démarche de restitution symbolique, je me place à la fois du point de vue de celui qui a reçu une violence et qui doit en gérer les conséquences dans son corps, et du point de vue de l'auteur d'une violence. En recevant en retour un objet symbolisant cette violence, il a (peut-être) l'occasion de prendre conscience et de s'interroger sur les conséquences de son acte.

Nous pouvons rester attentifs et peut-être rejoindre Milan Kundera affirmant : « Vivre dans un monde où nul n'est pardonné, où la rédemption est refusée, c'est comme vivre en enfer », sans pour autant renoncer à la restitution symbolique.

Je crois qu'il appartient à chacun de ceux qui liront ce texte d'entendre en eux le chemin qui leur paraît le plus proche de leur ressenti. C'est un sujet chargé de beaucoup de résonances pour tous ceux qui ont eu à affronter l'injustice, l'humiliation, l'impuissance de se voir opprimés, qui ont été blessés ou meurtris dans leur corps et leur existence. La restitution symbolique suppose aussi beaucoup de lucidité, de vigilance et de cohérence sur la finalité recherchée, qui me semble être se réconcilier avec son histoire passée.

# Vivons-nous dans le même monde ?

Nos enfants et nous-mêmes pensons et croyons que nous vivons dans le même monde. Cela n'est pas certain ! Je vois autour de moi des décalages, je vis des incompréhensions avec mes propres petits-enfants, j'entends des remarques, des réflexions qui me font douter parfois que nous soyons les uns et les autres, aussi proches puissions-nous être, sur la même planète !

Comme chaque année, à l'automne ce dimanche-là, un vide-grenier s'est installé dans un village voisin. Je vois deux petites filles de sept-huit ans penchées sur… un moulin à café. Un appareil tout simple, en bois, de forme carrée, de ceux avec lesquels, dans toutes les cuisines de mon enfance, on a moulu le café chaque matin. L'une des petites filles, d'un ton intrigué, dit à l'autre :

« C'est quoi ?

– Heu… je crois que c'est pour le café. »

Et elle ouvre le petit tiroir du bas, réservé à la mouture parfumée, en ajoutant :

« Là c'est pour le café, je crois…

– Ah bon… Et l'eau, on la met où ?

– Je sais plus ! Par là-haut sûrement », dit-elle encore en ouvrant la petite trappe métallique du dessus.

J'ai souri. Mais j'ai ressenti une pointe de nostalgie. Tout va si vite, les enfants d'aujourd'hui ne connaissent du café que les expressos et les dosettes. Ils ont parfaitement apprivoisé, maîtrisé des appareils incroyablement complexes (pour les personnes de ma génération), hyper-sophistiqués (qui diffusent des images, des jeux, des chansons du monde entier), des robots aux formes futuristes (qui régurgitent des bouteilles en plastique, des canettes en aluminium, qui crachotent un liquide noir appelé « café »). Ils ne savent rien ou si peu de notre passé, d'une autre façon de vivre, il n'y a pas si longtemps tout de même !

Un peu plus loin, deux autres fillettes, mignonnes comme des fées, sont devant un énorme étalage de jouets. Elles se disent, en se tenant l'une l'autre par le cou :

« On joue à ce qu'on voudrait avoir, tu veux ?

– D'accord ! Euh… je voudrais… la Barbie mauve !

– Moi je voudrais le jeu de fléchettes.

– Je voudrais le Ken parachutiste… »

Etc., etc. Ainsi, en partageant leur imaginaire, en s'offrant d'échanger sur leurs désirs, elles peuvent rêver sans tomber dans le piège de l'avoir, de la possession qui débouche fréquemment sur des achats trop souvent futiles.

Plus loin j'entends :

« Waouououououh !!! Papa, papa, regarde les billes !! »

C'est un petit garçon ébahi devant un énorme couffin rempli au trois quarts de billes.

Je pense : « Ça c'est un vrai sac de billes ! » Et comme s'il m'avait entendu, sans me regarder il ajoute, subjugué :

« Et en plus il y a des mammouths !

– Des mammouths ? »

Je me suis penché sur les billes avec lui, intrigué. Et j'ai compris qu'il s'agissait des grosses billes, les géantes, grosses comme des belles prunes, celles que « de mon temps » nous appelions des « calots ». J'ai trouvé drôle qu'ils aient changé de nom, mais après tout, ces petits-là ont très tôt des notions de ce qui touche à la préhistoire. Il n'y a qu'à voir leur engouement pour les dinosaures dont ils savent par cœur tous les noms, même les plus complexes, que pour ma part je n'arrive pas à retenir…

Cela m'a fait me souvenir d'une anecdote. Une amie passionnée par la préhistoire, mère d'Audrey, petite fille de neuf ans, avait appris à tailler les silex. Elle avait fait ainsi une belle pointe de flèche dans un silex noir magnifique, qu'elle a présentée dans la classe de sa fille. Elle a fait découvrir aux enfants sa passion pour la préhistoire, le travail du silex, la façon de ne pas confondre les éclats taillés par les hommes préhistoriques des éclats naturels provoqués par le gel et les chocs divers. Un élève, ayant aperçu la flèche noire au milieu de sa collection, s'est écrié :

« Elle est super celle-là, c'est une vraie ?

– Elle est taillée, oui, mais elle a été faite par moi, ce n'est pas une authentique…

– C'est ma mère qui l'a taillée, a dit Audrey toute fière.

– Ah bon ?… Elle est préhistorique ta mère ? »

Oui, nous vivons avec nos enfants et petits-enfants sur la même planète, mais parfois dans des temps différents, avec des valeurs si diverses, si éloignées et qui doivent quand même cohabiter !

## Il y a des rencontres magiques

Il est des rencontres qui surgissent dans votre vie sans prévenir, des rencontres qui ont un caractère magique par la qualité de ce qu'elles révèlent, en vous ou chez l'autre. Il est des rencontres qui vous appellent du plus lointain de votre être, du plus lointain de votre histoire. Il est des rencontres qui vont éclairer un parcours de vie d'une lumière féconde pour la transformer à jamais.

Il m'arrive ainsi de rencontrer, au sens de « découvrir », des personnes non à partir de ce qu'elles sont au moment d'un échange, mais dans un accord évident, spontané, avec ce qu'elles vont devenir ou avec ce qu'elles ont été même si elles ne l'ont pas toujours respecté en elles.

Ces rencontres qui peuvent sembler, au premier regard, trop précoces, trop rapides, vont cependant se révéler essentielles, décisives, car elles vont inscrire un message, donner un sens nouveau à notre existence ou à celle de l'autre. Et cela dans deux directions opposées, l'une concernant l'avenir, l'autre le passé.

Pour celles se rattachant à l'avenir, tout se passe comme si l'attirance, le contact se faisait à partir d'une potentialité en devenir chez l'autre ou en moi-même et qui attendait, pour se révéler, pour apparaître au grand soleil de l'existence, justement la rencontre qui vient de se faire ! Il ne s'agit ni de voyance ni de prémonition, seulement d'intuition, d'une sensibilité réveillée, aiguisée, d'une anticipation vibratoire qui crée des liens subtils, qui jette des passerelles sur lesquelles vont circuler des énergies nouvelles, des forces de changement, des interpellations ou des découvertes stimulantes. Rencontres étonnées porteuses de possibles, chargées d'élans, de mouvements imprévisibles, d'une créativité inouïe : « J'avais le sentiment que rien de ce qui me concernait n'avait échappé à cette personne que je voyais pour la première fois et ses premières paroles m'ont confirmé que je n'avais rien à lui cacher, qu'elle entendait sans que je dise, qu'elle écoutait avec son regard au plus profond de moi... »

Pour les rencontres liées au passé, il y a une indicible ferveur à se découvrir dans l'attention, l'écoute, la présence de l'autre. Rencontres incroyablement confiantes, d'une spontanéité si ouverte qu'elles autorisent, en quelques instants, les partages les plus fous, les abandons les plus spectaculaires, les élans les plus audacieux ! Tout se passe comme si un savoir intime, très ancien, reliait les deux personnes qui se rencontrent enfin aujourd'hui, à partir d'une co-naissance confiante qui lève toutes les inhibitions.

« Dès que je l'ai vu, je me suis sentie autorisée à lui parler, à partager avec lui ce que je n'avais jamais oser dire ou faire avec personne avant... »

« Dès notre premier regard, c'est comme si on faisait l'amour avec les yeux. Je l'accueillais et il m'accueillait sans aucune réserve, avec un abandon total. J'ai su tout de suite que c'est avec lui que j'avais envie de faire un bout de chemin. »

« Je ne l'avais jamais vue avant et tout s'est passé comme si nous nous connaissions depuis toujours. Un accord parfait, au sens musical du terme, a résonné en nous, entre nous. Cette rencontre-là a duré exactement vingt minutes, mais je suis resté plusieurs jours comme illuminé de l'intérieur, habité par elle, alors qu'elle se trouvait à des centaines de kilomètres. Un matin j'ai senti qu'il était urgent que je puisse la rencontrer à nouveau. Nous sommes ensemble depuis trente ans. »

C'est comme si ces deux personnes se retrouvaient après plusieurs vies d'absence. Retrouvailles nécessaires de deux êtres, même si c'est la première fois qu'ils se voient. Je ne crois pas que cela relève de vies antérieures, comme certains peuvent le penser. Mais plutôt d'un accord vibratoire très ancien, archaïque, universel, participant d'un savoir immémorial, qui à ce moment précis se focalise sur deux personnes. Comme si deux vibrations, émises il y a fort longtemps, après avoir longtemps voyagé, arrivaient à destination, pouvaient enfin se rencontrer, se rejoindre, s'unir. Telles deux notes qui vont s'accorder, s'harmoniser pour produire un son unique, nouveau, chargé d'une énergie, d'une dynamique qui transcende le moment présent, l'unifie et le relie à un tout.

Dans ce type de rencontre surgit le sentiment d'une réconciliation spontanée avec le meilleur de soi et de l'autre, dans laquelle les tâtonnements, les apprivoisements, les hésitations ne sont pas nécessaires. Il n'y a pas d'erreur d'aiguillage, seulement une errance qui se termine, avec le sentiment d'une rencontre juste, nécessaire, inscrite dans une évidence émouvante et sereine à la fois.

Je souhaite à chacun de vous de pouvoir accueillir dans sa vie l'irruption de l'une ou l'autre de ces rencontres et d'entrer dedans avec tout son cœur. Au-delà de l'étonnement, de la surprise, encore faudra-t-il accepter de se faire suffisamment confiance pour entrer dans le tourbillon d'un imprévisible qui vous accueillera avec tout l'amour et l'immense générosité que recèle la vie.

# Rêves partagés

« Je ne l'ai pas encore dit à ma fille, vous êtes la première personne à qui j'en parle, m'a confié cette dame de quatre-vingt-cinq ans. Quand j'étais jeune fille, j'ai passé de nombreux dimanches à broder mon trousseau et surtout une magnifique nappe de table pour des réceptions futures. Cette nappe n'a jamais servi. C'est durant ces heures de broderie que je rêvais de ma vie à venir, à tout ce que je ferais plus tard, comment j'aimerais, comment je vivrais entourée d'enfants, comment ma maison serait accueillante et surtout, je me voyais jouant du piano le soir entourée d'amis chers. Ces rêves-là m'ont soutenue, m'ont portée durant des années, ils représentent la plus belle période de ma vie. Aucun de ces rêves ne s'est réalisé. J'ai eu ma fille en dehors du mariage et je l'ai élevée seule. Je me suis investie totalement dans mon rôle de mère, j'ai renoncé à ma vie de femme sans même m'en rendre compte. Aujourd'hui je voudrais être enterrée dans cette nappe. Je ne sais comment ma fille entendra ma demande, mais c'est important pour moi qu'elle puisse l'accepter. Sachant cela, je pourrai mourir en paix. Le fait de pouvoir vous en parler me donne du courage pour oser lui faire ma demande. »

J'espère de tout mon cœur que le rêve secret de cette femme sera respecté. Cette confidence m'a beaucoup ému et j'ai repensé par la suite à tous ces rêves que beaucoup d'entre nous, j'imagine, ont faits sans jamais oser en parler.

Ainsi ce rêve que j'ai eu durant mon enfance de retrouver la mère de ma mère. De retrouver cette femme qui l'avait abandonnée au premier jour de sa naissance et d'imaginer que je pourrais l'offrir, comme un cadeau, à ma mère. Je polissais et repolissais fréquemment la phrase qui accompagnerait mon geste et qui se terminait par ces mots : « Il faut me croire, c'est vraiment ta maman. »

J'ai entendu un jour un homme me dire son rêve de vie le plus précieux, qui était de connaître toutes les langues, d'avoir ce don ou plutôt de le recevoir. De pouvoir se réveiller un matin et de découvrir qu'il pouvait s'exprimer en chinois, en russe, en portugais brésilien ou en swahili. « Et même si je ne sais quoi leur dire, le seul fait de savoir que je serais compris me comblerait d'un plaisir immense. »

Tel autre avait rêvé, toute sa vie d'adulte, de pouvoir dire un jour à son père combien il l'avait aimé. « Cet homme me terrorisait, il suffisait qu'il me regarde et je me sentais paralysé avec au cœur un sentiment d'insuffisance qui bloquait tous mes autres sentiments. J'ai toujours cru que je l'avais déçu, que je n'étais pas l'enfant et plus tard l'adolescent puis l'homme adulte qu'il aurait voulu comme fils. Mon "je t'aime", si je l'avais exprimé, aurait pu être entendu par lui comme une insulte suprême. Alors j'ai ravalé tous mes "je t'aime", ils sont toujours en travers de ma gorge. Peut-être qu'un jour j'irai les déposer sur sa tombe. Peut-être si je grandis encore… Ce qui est sûr, c'est que chaque jour je me rapproche un peu plus de lui. »

Il est ainsi des rêves émouvants, fragiles, sublimes qui naviguent à l'intérieur d'hommes et de femmes dont beaucoup vont rester prisonniers dans un non-dit pathétique. Les inviter à oser me paraît parfois dérisoire tellement l'ancrage de l'indicible est fort, tellement l'interdit posé par l'imaginaire est puissant, tellement le risque anticipé paraît terrifiant, tellement le simple énoncé du rêve paraît inavouable.

« J'ai rêvé de dix-huit à quarante et un ans qu'un jour j'irais en Inde. Que je vivrais quelques mois dans un ashram, comme un disciple allant à la rencontre de lui-même, cherchant la voie de la sagesse, choisissant librement un maître, un guide pour m'accompagner dans ce travail. Le jour de mes quarante ans, j'ai parlé de ce rêve ancien à l'une de mes filles qui m'a simplement dit : "Il suffit, papa, de prendre un billet pour Bombay, cela c'est le plus facile. Mais le plus difficile pour toi sera d'oser t'arrêter de travailler durant deux à trois mois !" Cinq semaines plus tard j'étais en Inde ! »

Partager un rêve secret, c'est aussi une façon de se mettre au monde.

*Cheminement*
*Évolution*
*Changement*

## Besoin d'espérer, besoin de rêver

Outre nos besoins de survie élémentaires (se nourrir, dormir, se sentir en sécurité…), nous avons des besoins relationnels essentiels. Je veux dire par là indispensables non seulement à notre survie, mais nécessaires pour dynamiser la Vie qui est en nous. Et parmi nos besoins relationnels les plus vitaux – le besoin de se dire (avec des mots à soi), d'être entendu (dans le registre, dans la dimension où il est important de l'être), d'être reconnu (tel que je suis et non tel que l'autre voudrait que je sois), d'être valorisé (avoir le sentiment que j'ai une valeur), d'avoir une intimité (qui sera respectée) et d'avoir la possibilité d'exercer une influence sur autrui (alternance des influences) –, il existe deux grands besoins qui sont aujourd'hui, chez beaucoup d'entre nous, en souffrance : celui d'espérer et celui de rêver.

Deux besoins porteurs d'une énergie extraordinaire, qui sont au cœur même de la vie de tout être humain. Deux besoins trop souvent maltraités dans la plupart des relations essentielles ou peu satisfaits et quasiment censurés dans l'existence de beaucoup d'adultes parfois confrontés à des alternatives ou à des chemins de vie qui leur sont imposés ou qui vont leur paraître sans issue.

« Après la mort de ma fille, c'est comme si la vie s'était arrêtée, j'ai cessé d'espérer, je ne rêvais plus, j'étais dévitalisé… »

« Quand ma femme a demandé le divorce, mon avenir soudain se fermait, je n'avais plus de futur, je ne pouvais imaginer ce que serait demain sans elle, ce que serait ma vie en dehors d'elle… »

« Après m'avoir annoncé que j'avais un cancer, mon médecin m'a affirmé que je pouvais espérer vivre encore quelques mois. Mais je ne voulais même pas de cette espérance, elle me condamnait en fait à m'angoisser au présent… »

Il peut arriver ainsi qu'un événement traumatisant nous coupe de l'espérance et nous interdise de rêver que demain sera meilleur qu'aujourd'hui.

Avoir la capacité d'espérer, c'est non seulement faire confiance à demain, mais c'est aussi être capable de se projeter dans un avenir plus lointain, qui sera attendu avec plaisir, un avenir susceptible de nous accueillir, de nous faire une place. Un avenir perçu comme pouvant être meilleur que le présent ou porteur de suffisamment de possibles et de changements pour en attendre quelque chose de stimulant, de vivifiant et de dynamisant.

« Quand mon fils est sorti du coma après son accident de moto, tout s'est passé comme si j'avais à nouveau un avenir, non seulement j'étais persuadé qu'il allait s'en sortir, mais que moi-même, je ne serais plus le même. J'ai d'ailleurs décidé d'arrêter de fumer ce jour-là ! »

Espérer dans la vie, espérer un changement, espérer autre chose que ce que l'on vit, c'est être habité par une aspiration (et peut-être aussi par une inspiration) à un monde plus juste, plus convivial, plus respectueux ou plus égalitaire qui permettrait à un enfant et plus tard à un jeune adulte de s'inscrire dans un présent sans avoir besoin de se protéger du monde qui l'entoure ou de le rejeter, de le maltraiter ou encore de le disqualifier. Aujourd'hui, nous pouvons constater chez de nombreux jeunes que l'espérance à long terme, tournée vers un avenir enviable, est a minima et parfois même totalement inexistante. Ce qui les entraîne à consommer, j'aurais envie de dire à dilapider ou à maltraiter le présent. L'avenir paraît à beaucoup barré, immobilisé ou bloqué, comme si le futur leur semblait sans avenir.

« Notre avenir est sans horizon, sans couleur, gris d'incertitude, opaque », ai-je entendu dans un groupe de jeunes adultes. Mais il faut savoir qu'un avenir non porteur d'accueil, d'ouverture ou de possibilités pour se réaliser, pour se dépasser ou pour sortir de sa condition est le ferment d'une violence endémique. Un monde à venir qui serait incapable de proposer ou de garantir une sécurité minimale suffisante, qui ne donnerait plus envie de s'engager, de participer à la construction et au développement d'une existence plus juste, moins violente, plus tolérante, ne donnerait pas envie d'exister et déboucherait non seulement sur de la violence, mais aussi sur beaucoup d'autoviolence (maltraitance de soi-même, suicide, dépression). Aujourd'hui, pour de plus en plus d'adultes, l'espérance n'étant pas au rendez-vous du présent, il est difficile de faire confiance à demain et donc à eux-mêmes et aux autres.

Nous savons cependant que l'espérance est un des moteurs les plus puissants pour créer, changer, avancer et se libérer de sa condition sociale. Que l'espérance est nourrie par notre capacité à espérer et surtout à rêver. Le besoin de rêver commence à se manifester très tôt chez un enfant. C'est un besoin présent et actif chez tout être humain et qui se nourrit de tout un imaginaire autant que des réponses bienveillantes, gratifiantes ou comblantes de l'entourage proche.

« Enfant, ma mère me faisait rêver chaque soir. Elle me racontait une histoire qu'elle interrompait au moment le plus crucial et je devais inventer la suite, il m'appartenait de terminer l'histoire... C'est ma mère qui m'a donné envie de croire en mes possibles, de pouvoir non seulement colorer, mais aussi modifier la réalité avec les ressources de mon imaginaire. »

Nous savons qu'il y a des rêves accessibles et d'autres qui le sont moins. Des rêves autonomes qui ne dépendent que de nous-mêmes pour se réaliser et aussi des rêves qui vont avoir besoin de l'autre ou des autres pour s'accomplir. Nous savons qu'il est important que des rêves puissent naviguer en nous, être disponibles, visibles et suffisamment mobilisateurs pour créer un mouvement, une énergie qui permette de transcender la réalité au point de la rendre plus réelle, je veux dire par là accordée à nos attentes, et plus conviviale, accueillante, ouverte sur l'immensité de nos potentialités et de nos possibles. Comme adultes nous devons penser à donner à nos enfants l'occasion de rêver, d'aller au-delà du présent, de les aider à construire à chaque instant leur avenir.

« Enfant, je croyais qu'être adulte c'était avoir la possibilité de faire ce que je voudrais, j'ai grandi avec ce rêve-là. Il m'a porté longtemps et même si aujourd'hui je sais qu'être adulte ne permet pas toujours de réaliser tous ses désirs, cette dynamique-là me stimule encore et va faire que je réalise quand même pas mal de mes rêves ! »

Alors n'hésitons plus à espérer, à rêver, à aller au-devant de l'avenir pour avoir quelques chances de l'influencer, de le transformer et peut-être de le rendre plus humain.

## La fureur du monde face à la ferveur d'être

Quel que soit l'endroit où nous vivons, nous sommes tous entourés par la fureur insatiable et tonitruante du monde. Plongés chaque jour en direct avec la télévision ou Internet au cœur même des injustices, concernés par la pauvreté galopante, assaillis par des intégrismes aveugles, broyés par des systèmes économiques incontrôlables, blessés par les violences qui sévissent au loin comme au plus près de nous et saturés d'informations de moins en moins fiables, dont la vertu première ou le défaut est de s'évaporer très vite, laissant peu de traces visibles, sinon une imprégnation de malaise diffus, de résignation et d'indignation plus ou moins contrôlée.

Face à cette fureur qui nous harcèle, il y a en chacun, je le crois profondément, la ferveur d'être, une appétence pour l'existence, un goût du beau, un besoin du bon, un élan vers le plaisir d'être vivant, une aspiration à un mieux-être non seulement personnel mais plus universel, et au plus secret de chacun le rêve d'une « humanitude » plus apaisée.

Ainsi notre existence est-elle souvent au cœur de l'innommable, au centre de nombreuses contradictions et conflits intrapersonnels que nous aurons à affronter au quotidien. Avec des moyens très inégaux, liés à notre histoire, à notre formation, au travail sur soi que nous avons fait ou pas encore entrepris, nous allons tenter quand même de faire face, de rester debout, d'être plus conscients, d'aller au-delà de la survie vers plus de vie.

Je persiste à croire qu'il y a un chemin possible, ouvert à tous, balisé par quelques ancrages dont j'ai souvent parlé dans les pages qui précèdent, accessibles au quotidien de notre existence, pour cultiver, entretenir la ferveur d'être :

* Oser s'aimer d'un amour de bienveillance et de respect.
* Oser se respecter en sachant se positionner, s'affirmer en cohérence avec son ressenti.
* Oser prendre le risque de se responsabiliser en ne cultivant ni la victimisation ni l'accusation.
* Oser être fidèle à soi-même, à ses valeurs et à ses engagements.

Chacune de ces démarches constitue un challenge personnel, une mise à l'épreuve et peut susciter une immense espérance pour ceux qui nous entourent ou qui viendront après nous.

La ferveur d'être peut ainsi devenir un huitième sens, quand on a su donner toute leur place à nos cinq sens de base et que nous avons pu nous réconcilier avec un sixième et un septième sens, quelquefois en attente d'être réveillés, celui de s'étonner et celui de s'émerveiller

## Quelques défis à affronter au quotidien…

Au-delà de quelques-uns des défis quotidiens les plus évidents, mais pas nécessairement des plus faciles (se réveiller, sortir de son lit, se lever, se laver, entrer en relation avec des proches), il en existe beaucoup d'autres en fonction des choix de vie que l'on a faits, des engagements pris et surtout du respect de soi que l'on peut assumer ou non.

Ainsi, quand j'ai pris la décision de faire tous les matins quelques exercices physiques pour me maintenir en forme, de pratiquer quelques minutes de méditation pour me connecter à l'énergie divine qui est en moi, de veiller à ma propreté corporelle et d'avoir le souci de me nourrir de façon correcte, sans transformer mon ventre en poubelle, j'ai déjà posé quelques jalons pour me confronter à un des défis les plus difficiles à respecter au quotidien : ne pas décrocher, tenir bon, ne pas oublier, ne pas remettre à demain, bref être fidèle aux engagements pris envers ma propre personne. Mais dans ma vie il y a eu bien d'autres décisions et challenges qui lorsque je les ai pris ne représentaient pas les défis qu'ils sont devenus !

Je ne savais pas que j'allais changer ma vie et mon regard, mon écoute sur mes enfants, lorsque j'ai décidé de consacrer une heure par semaine à chacun d'eux (ils sont cinq !). Je ne savais pas du tout à quoi je m'engageais réellement. D'abord trouver cinq heures chaque semaine (moi qui courais après le temps, qui faisais trois choses sinon quatre à la fois). Je me suis trouvé confronté à cette obligation de tenir ma promesse à leur égard, d'avoir une disponibilité totale, envers chacun, et cela pendant soixante minutes ! Chaque semaine !

Ou encore quand je me suis engagé à militer pour Amnesty International et que je recevais régulièrement des dizaines d'informations m'incitant à écrire une lettre de soutien pour tel prisonnier politique, envoyer un livre à tel journaliste emprisonné, saturer de télégrammes ou de courriels tel président ou chef d'État, rester affable et relationnel avec tel dictateur (que je haïssais) en lui demandant courtoisement de gracier telle femme qui devait être lapidée, de libérer (ou humaniser la peine) de telle jeune fille qui avait été condamnée à la décapitation pour avoir blessé à mort l'homme qui avait tenté de la violer, de libérer tel journaliste dont le seul crime avait été de révéler une corruption ou une injustice !

Mes défis essentiels sont reliés à des fidélités, à des loyautés envers ceux que j'aime, mais surtout envers moi-même. Un choix ou un acte posé suppose un suivi, un accompagnement. Ainsi planter un arbre (et j'en ai planté beaucoup) suppose de l'arroser, de veiller sur lui les premières années pour qu'il puisse s'épanouir et vivre sa vie d'arbre. Écrire sera s'engager envers un lecteur inconnu (et non pas seulement envers un éditeur, comme beaucoup le croient) à poursuivre phrase après phrase, chapitre après chapitre l'aventure commencée par quelques lignes. L'engagement tenace, chaque jour, d'écrire une, deux, trois pages !

Et c'est aussi économiser l'eau, ne pas mélanger les déchets, veiller à éteindre la lumière dans les pièces vides, rouler un peu au-dessous de la vitesse normale pour ne pas polluer plus. Et puis rester présent, attentif, attentionné pour celle qui parfois est là, toute proche, et qui est si sensible à l'un ou l'autre de mes oublis, que je peux blesser sans même m'en rendre compte en donnant la priorité à quelque chose qui lui paraîtra secondaire ou dérisoire !

Tant et tant de défis sont ainsi présents au quotidien d'une vie vécue au jour le jour, pour continuer à vivre dans le respect de soi, rester vigilant et lucide et pouvoir s'endormir chaque soir en se disant : « J'ai honoré la vie qui m'habite. »

## Changer, c'est oser se mettre au monde chaque jour

Oser vivre sa vie, c'est prendre le risque de se mettre au monde en permanence. Il y a quelques années, au cours d'une relation amoureuse qui a bouleversé mon existence, j'ai pressenti que la vie n'est faite que d'une succession de naissances. Que sans le savoir, j'avais passé l'essentiel de mon existence à me mettre au monde, à accoucher de moi-même, à permettre la mise au jour de potentialités nouvelles à travers des errances et des choix de vie parsemés de découvertes, de rencontres et aussi de séparations, quelques-unes nécessaires, d'autres choisies et quelques autres imposées !

Quand je suis sorti du ventre de ma mère au mois de mai 1935, je n'étais pas tout à fait prêt pour vivre, pour affronter et traverser ce qui allait suivre et qui fut, dès les premiers jours, une succession d'épreuves angoissantes, insécurisantes et pleines de risques pour un bébé dont la génitrice se sentait aussi démunie que lui ! J'ai eu besoin de ses soins, de son amour, de sa constance pour commencer à trouver une toute petite place dans le monde qui m'entourait et qui n'était pas particulièrement bienveillant. Comme le confirma quelques années plus tard l'irruption d'une guerre qui bouleversa ma jeunesse.

J'ai ainsi mis beaucoup de temps à pouvoir simplement

survivre, à me libérer des dépendances que je subissais ou dans lesquelles je me complaisais, beaucoup d'énergie pour faire face, de façon de plus en plus autonome, à mes besoins. Ce qui m'a demandé de m'adapter, de m'ajuster au travers de multiples rencontres et d'épreuves, pour la plupart inattendues, souvent douloureuses et quelquefois merveilleuses. Chacune s'inscrivant en moi comme autant d'étapes qui furent aussi des naissances.

Naissance douloureuse, ô combien, quand je suis né à la jalousie en voyant arriver mon frère qui a fait une irruption fracassante dans les bras de ma mère (bras dont j'étais jusque-là le seul bénéficiaire), avec la sensation terrifiante que son amour, à moi seul réservé depuis toujours, se dérobait au seul profit de ce bébé.

Naissance plus joyeuse quand je suis né moi-même à l'amour à sept ans. Un amour inconditionnel offert à une petite fille qui occupait la maison voisine et qui avait mon âge. Épreuve lumineuse durant laquelle j'ai porté cet amour comme un miracle durant toute une année scolaire, avant qu'elle ne déménage et ne me brise le cœur avec sa disparition, vécue comme une trahison insupportable.

Naissance à l'immobilité et à la solitude, quand je suis « tombé » malade et suis resté alité durant près de cinq ans, dans un plâtre qui enferma mon corps mais libéra mon imaginaire et me fit découvrir la lecture et l'espace infini du rêve éveillé.

Naissance plus grave, plus secrète à l'inconscient, quand j'ai entrepris une analyse et un travail sur moi, pour commencer à m'apprivoiser et surtout à nettoyer la tuyauterie relationnelle d'un passé trop chargé qui encombrait ma vie d'adulte.

Naissance pleine de balbutiements à l'écriture, d'hésitations aux voyages, de maladresses à la musique, d'errances vers la beauté, et aussi, heureusement, naissances à des étonnements émerveillés suite à des rencontres magiques et structurantes qui ont transformé ma vie.

Avec en parallèle le surgissement de quelques mises au monde chaotiques, bouleversantes, initiées par des séparations, suite à la perte d'êtres chers, qui m'ont obligé à lâcher prise sur un cycle récurrent de ressentiments, d'autopersécutions et de violences que je m'infligeais à moi-même au travers de ruminations, d'autodévalorisations sans fin. Qui m'ont poussé à renoncer à entretenir les trois ou quatre autosaboteurs qui pervertissaient mes choix et mes engagements, polluaient mes ressources et paralysaient mes possibles. Qui m'invitaient à me réconcilier avec mon histoire et celle de ma mère, puis de mon géniteur retrouvé à cinquante ans, pour me relier à mes origines.

Naissances qui m'ont fait découvrir la magie du présent accueilli comme un présent. Et bien d'autres naissances encore qui m'ont conduit jusqu'à aujourd'hui, homme toujours en gestation de quelques mises au monde étonnantes et parfois détonantes.

Naissances aussi pour affronter l'inconnu, car le plus difficile n'est pas de découvrir l'Espagne, rappelait ma grand-mère qui avait une admiration sans bornes pour Christophe Colomb !

## Engagements et choix de vie

Nous avons tout au long de notre existence à faire des choix de vie liés à nos valeurs ou à des contraintes dont nous ne maîtrisons pas toujours tous les enjeux. Et puis nous prenons aussi des engagements, c'est-à-dire que nous allons lier une tranche de notre vie ou une période de notre temps à quelqu'un pour une action à conduire, une tâche déterminée ou un projet de longue durée.

Nous percevons progressivement, sans toujours en évaluer les conséquences, combien il est important de tenir ses engagements, d'une part quand c'est nous qui les prenons, d'autre part quand quelqu'un les prend envers nous. Quelques-uns le font avec un certain laxisme, ne donnant pas beaucoup de valeur à la parole tenue ou non tenue, d'autres au contraire (dont je suis) veillent avec une scrupuleuse rigueur et même une certaine rigidité (c'est encore moi) à tenir leurs engagements ou à exiger que l'on tienne les engagements pris envers eux.

Mais il m'est arrivé – et je ne dois pas être le seul à avoir vécu cela – d'être en difficulté, renvoyé à un conflit interne déstabilisant, quand l'engagement que j'avais pris se trouvait confronté à un choix de vie important pour moi, auquel je devais donner la priorité sous peine de ne plus me supporter. Ainsi lorsque j'ai découvert que je ne me respectais plus dans une relation professionnelle et que le fait de rester dans cet emploi, en prenant sur moi pour essayer à tout prix d'arranger les choses, de tout faire pour garder vivante cette relation pour laquelle j'avais pris un engagement, me faisait somatiser. Je développais au cours des semaines des infections de la gorge à répétition, des crises d'herpès, des lombalgies tenaces, au point de m'épuiser, de redouter dès le samedi la reprise du lundi, de me gâcher l'existence et de commencer à devenir invivable dans mes relations intimes.

Cela s'est retrouvé plus tard, de façon plus cruciale, plus violente, plus déchirante, quand j'ai été confronté à la décision de choisir entre ma fidélité à l'autre et la fidélité à moi-même. J'ai privilégié la fidélité à moi-même, à mon besoin de me respecter, de rester proche de mes sentiments réels et non de ceux que l'autre voulait et même exigeait de moi.

Aujourd'hui, dans un conflit semblable, je veille à me choisir, à me respecter au plus près de ce que j'éprouve, sans chercher à tout prix à vouloir faire plaisir à l'autre, en refusant de me laisser définir par ses attentes, ses peurs, ses désirs ou ses croyances. Le plus difficile est de ne se laisser ni entraîner ni engloutir dans la souffrance, le désarroi dont l'autre nous rend responsables !

La situation qui me paraît la plus difficile à gérer est celle qui précède la fin d'une relation amoureuse ou conjugale. Quand l'un sent qu'il ne peut plus se leurrer, en se demandant s'il aime ou s'il n'aime plus, car il sait, il sent au profond de lui que ses sentiments ont changé, ne sont plus les mêmes. Quand l'amour s'est dilué ou déplacé massivement sur des marques de tendresse, l'expression d'une gratitude ou l'envahissement d'une culpabilité corrosive, avec des conduites ambivalentes de fuite et de rapprochement, le surgissement de conflits récurrents, épuisants. Quand il devient si difficile de dire à l'autre : « Je ne souhaite plus vivre de relation intime avec toi, je n'éprouve plus d'amour envers toi ! »

«Je ne t'aime plus» semble impossible à dire, tellement cela nous paraît injuste de blesser ainsi celui ou celle qui continue à nous aimer. Alors on reste dans le vague, dans la non-présence réelle, dans l'absence de plus en plus fréquente, quand le travail, le sport ou toute autre activité qui devient soudain très prégnante remplace le temps qu'on ne veut plus passer ensemble.

«Je ne savais comment dire à mon mari que je ne l'aimais plus, que je ne ressentais plus rien pour lui, que je n'avais aucun désir, que le seul fait qu'il puisse me toucher, moi qui l'avais tant désiré, me hérissait de colère et de honte...»

«Notre situation était d'autant plus complexe que nous tenions un commerce et que la fin de notre relation de couple mettait en danger l'équilibre financier de l'entreprise qui nous faisait vivre tous les deux... Je sentais bien que la dissolution de notre mariage voulait aussi dire la vente de notre boutique florissante jusqu'à ce jour, mais qui commençait à battre de l'aile...»

Se donner la priorité, oser se respecter, vouloir rester fidèle à soi-même ne sont pas des positionnements qui sont bien vus par nos proches. Nous sommes accusés d'égocentrisme et même d'égoïsme, nous sommes mis en cause par notre famille d'origine ou notre entourage proche, qui parfois peut ainsi gérer ses propres conflits à travers nous!

Je serais tenté de dire que les choix de vie qui correspondent à la femme ou à l'homme actuel, celui que nous sommes devenus l'un et l'autre, devraient avoir la primauté sur l'engagement initial! Mais c'est à chacun de savoir, d'entendre en lui ce qui est présent, prioritaire à un moment et peut s'effacer ou dominer à un autre.

## Apprendre à mieux différencier nos besoins de nos désirs !

Quand on me demande quelles sont les différences entre besoins et désirs, ma réponse est succincte, car je souhaite aller à l'essentiel : le propre d'un besoin, c'est qu'il devra être, à un moment ou un autre, satisfait, sinon notre équilibre physiologique ou psychologique sera en danger.

Il y a des besoins communs à tout être humain : besoins de survie (alimentation, sommeil, sécurité minimale...), besoins éducationnels, besoins affectifs ou besoins relationnels (besoin de se dire, d'être entendu, reconnu, valorisé, besoin d'intimité, d'influencer notre environnement, besoin de rêver). À certains moments de l'existence, il y a aussi des besoins circonstanciels qui vont réclamer satisfaction, de façon parfois prioritaire.

Chez chacun d'entre nous, ces besoins vont prendre plus ou moins d'importance à différents moments de notre vie, et leur satisfaction a minima ou leur non-satisfaction favorisera ou freinera notre développement et notre croissance. Chaque besoin prendra une coloration, une intensité plus ou moins grande en fonction des réponses que nous allons avoir ou ne pas avoir de la part de notre entourage ou de notre fait. Je peux par exemple me priver de manger si j'ai le projet de perdre du poids, de dormir si je suis engagé dans une création qui mobilise toutes mes ressources... Mais je devrais à un moment donné sortir faire l'un ou l'autre de ces besoins.

Si donc le propre d'un besoin est de réclamer satisfaction, le propre d'un désir est surtout d'être respecté. Celui qui porte en lui un désir veut sentir qu'il a été entendu, ce qui ne veut pas dire que ce désir sera nécessairement comblé ! La non-satisfaction d'un désir ne met pas notre vie en péril, cela peut nous décevoir ou nous frustrer, réveiller de la violence ou de la créativité, mais ne nous détruira pas.

Ce qui caractérise la plupart des espèces vivantes et donc nous les humains, c'est que l'on va rechercher en permanence à diminuer nos manques, à satisfaire nos besoins ou à combler nos désirs. C'est un puissant moteur qui nous pousse à agir, à avancer avec des moyens et des stratégies d'une grande créativité !

Ainsi nous aurons à faire des choix, même quand nos manques se rattachent à un besoin vital. Parfois il peut arriver que le désir étouffe le besoin, nous pousse à nous dépasser sans pour autant mobiliser toujours notre créativité dans la bonne direction ! Si les manques, au niveau des besoins, relèvent de la survie, les manques ou les carences, au niveau des désirs, relèvent des déplaisirs de la vie, suscitent des frustrations, parfois de la violence.

La recherche de la richesse, de la gloire, du pouvoir ou l'engrangement de plaisirs peuvent stimuler nos ressources pour accéder à un plus, mais constituer aussi des leurres et nous entraîner dans des impasses. Un sentiment est capable de bousculer nos priorités, c'est l'amour ! Il est capable de mobiliser (ou d'aliéner) nos besoins et de stimuler (ou d'inhiber) nos désirs.

La recherche de la satisfaction immédiate du désir est souvent irrationnelle et peut se révéler néfaste ou négative, car elle peut nous entraîner à des passages à l'acte et nier ou violenter la dimension relationnelle qui nous relie à telle ou telle personne.

J'enseigne qu'il est possible d'apprendre à prendre soin de

ses désirs, d'en différer éventuellement la réalisation ou de les sublimer à travers une créativité ouverte sur le symbolique.

Tous les désirs ne sont pas terroristes, c'est leur réalisation ou leur non-réalisation qui peut avoir des conséquences négatives. Il sera donc important de s'interroger d'une part sur la nature du désir et d'autre part sur sa direction. Il y a plusieurs sortes de désirs :

* Des désirs autonomes qui ne dépendent que de moi ou de mes ressources (j'ai envie de lire, de sortir, de me promener, de rêver...) et des désirs dépendants, des désirs qui supposent l'accord de l'autre (j'ai envie de faire l'amour, d'aller à Venise avec ma compagne, de construire un couple durable avec mon partenaire...).
* Des désirs vers l'autre (j'ai envie d'aller au cinéma avec elle) et des désirs sur l'autre (je voudrais qu'elle accepte d'avoir un enfant avec moi). Le premier est un désir créatif, stimulant, l'autre est un désir qui peut devenir terroriste, s'il cherche à s'imposer.

On peut prendre soin d'un désir différé en s'appuyant non seulement sur l'espoir (j'espère qu'un jour mon partenaire changera d'avis et acceptera que nous puissions faire le tour du monde en voilier ou que nous ayons un deuxième enfant !) mais aussi sur la symbolisation. Ainsi on peut symboliser par un objet son désir et prendre soin de cet objet. Cette femme me disait : « Le petit poupon que je porte autour de ma taille sous ma robe symbolise l'enfant que je voudrais avoir. Le seul fait de le porter, de lui parler, m'aide à respecter mon propre désir et à témoigner auprès de mon partenaire de l'importance de ce désir. Et même si, pour l'instant, lui ne veut pas d'enfant, cela n'annule pas mon propre désir ! En prenant soin symboliquement de mon désir, je me sens moins frustrée ! Même si mes amies se moquent un peu de cette pratique, je crois qu'il faut la vivre pour sentir combien il y a dans cette démarche quelque chose de puissant et d'apaisant. »

Dans un tout autre domaine, il n'est pas toujours évident de comprendre que la satisfaction de certains désirs peut compromettre la satisfaction de besoins vitaux. En effet les désirs sont plus dynamiques que les besoins, ils prennent souvent le dessus dans notre imaginaire, et ils peuvent compromettre ainsi notre propre équilibre en rentrant en compétition avec nos besoins. Si par exemple je me suis couché chaque soir depuis huit jours à trois heures du matin, et que ma partenaire me propose d'aller danser, de passer une soirée de fête chez des amis, je peux dans un premier temps répondre à ce désir, mais il arrivera un moment où mon besoin de sommeil me rattrapera et une partie de la soirée risquera d'être gâchée !

Il devient donc important de mieux connaître ses besoins et de les respecter. La plupart de nos grands besoins de survie sont connus, ce sont les besoins relationnels qui le sont moins et qui sont souvent maltraités.

Chacun de nos besoins peut avoir des variantes suivant les cultures et, je le répète, une intensité plus ou moins grande à certains moments de notre vie, mais dans la durée, ils devront chacun trouver des réponses satisfaisantes.

On devrait apprendre aux enfants, très tôt à l'école, la différence entre désirs et besoins, leur permettre de les reconnaître et de les apprivoiser. Et en particulier leur apprendre à en différer la satisfaction dans le temps et l'espace. Cela se fait spontanément pour certains besoins : ainsi on apprend très tôt à un enfant à faire ses besoins dans un lieu spécifique, les toilettes. On pourrait leur apprendre également à mettre en attente certains désirs : oui, si à douze ans je veux une moto, je peux entendre qu'il ne sera pas possible de l'avoir, et surtout de la conduire, avant seize ans, après avoir économisé suffisamment, avoir passé le permis et avoir les moyens de payer l'essence qui me permettra de me déplacer avec !

Nous devons mieux comprendre aussi que si la non-satisfaction de nos besoins vitaux peut mettre notre vie en péril, celle de nos besoins relationnels mettra en péril notre équilibre psychique et somatique, mais va surtout nous entraîner à vivre des relations difficiles, conflictuelles, violentes avec notre entourage. Mieux comprendre que la frustration vis-à-vis de nos besoins ne peut être que temporaire. Que la frustration vis-à-vis de nos désirs peut être plus longue ou même permanente.

C'est un apprentissage douloureux à vivre pour chaque enfant de découvrir que la réalité n'est pas au service de toutes ses demandes, que les autres, le monde qui l'entoure ne sont pas nécessairement là pour répondre à ses attentes en matière de désir ! Un des grands problèmes actuels, dans l'éducation des enfants, c'est que les parents ont tendance à répondre plutôt à leurs désirs qu'à leurs besoins (relationnels en particulier), ce qui provoque chez les enfants et les adolescents d'aujourd'hui un double conflit intrapersonnel qui, pour certains, devient ingérable face aux contradictions qui les habitent : d'un côté, ils sont hyper-comblés (ce qui ne veut pas dire satisfaits) au niveau de la plupart de leurs désirs, et toujours en attente d'autres réponses ; de l'autre, leurs besoins fondamentaux (surtout relationnels) ne sont pas toujours entendus. Ce qui fait que leur seuil de frustration est tellement bas (leurs désirs ayant toujours été comblés !) que toute rencontre avec la réalité est vécue par eux comme une agression, ce à quoi ils répondent par de la violence. C'est une des origines (pas toujours bien perçue par les adultes) de la violence aujourd'hui chez beaucoup de jeunes.

Si les besoins de survie sont menacés, cela peut entraîner une violence de survie, temporaire et limitée dans le temps, mais parfois redoutable ! Comme la personne qui se noie, qui manque d'air, s'étouffe en avalant de l'eau, peut frapper celui qui vient la secourir. Comme celui qui frappe quand il anticipe une menace dans la rue ou dans la cour de récréation.

Si les besoins relationnels ne sont pas entendus ou sont maltraités, cela peut déclencher une violence d'affirmation ou encore de l'autoviolence (conduites à risque ou autodestructrices) plus ou moins importante. Essayons de comprendre quelles sont les conséquences de la non-satisfaction des désirs :

* Si certains désirs ne sont pas comblés, cela va déclencher une violence prédatrice pour s'approprier des réponses (objets, argent, drogue) afin de combler le manque. La non-satisfaction des désirs chez des enfants ou des ex-enfants qui n'ont pas été confrontés très tôt au principe de réalité va susciter et entretenir chez eux la survivance (que j'ai souvent rappelée) de l'ITPI, l'illusion de la toute-puissance infantile (tout, tout de suite, sans contrepartie). Chez certains, la violence sera pratiquement sans fin, car fonctionnant avec des automatismes, s'appuyant sur des passages à l'acte récurrents (je veux, donc je prends, sans aucun contrôle), la recherche du plaisir étant devenue le moteur de leur vie.
* Il y a chez d'autres l'irruption d'une pulsion qui échappe à tout contrôle, à tout raisonnement et qui les submerge au point d'inhiber toute référence morale ou sociale. On le voit par exemple dans le cas de viols, d'actes pédophiles, de brutalités inouïes de la part de certains criminels, chez qui le moindre obstacle déclenche encore plus de violence. L'origine de ces pulsions peut être recherchée dans la toute petite enfance, dans les premiers mois ou les premières années de la vie, quand la survie du bébé était menacée de façon réelle ou fantasmée et qu'il ne pouvait survivre qu'en se coupant du réel et de ses contraintes.

Ces conséquences sont identiques sur le fond : non-satisfaction = frustration = colère ou désespoir = violence d'appropriation.

Apprendre à se positionner avec un non suppose que l'adulte présent puisse dire : « Ce n'est pas à toi que je dis non, c'est à ta demande, ce n'est pas toi que je rejette, je refuse l'exigence que tu tentes de m'imposer. »

Tout cela demanderait qu'on apprenne un jour la communication à l'école comme une discipline à part entière. Que l'on puisse transmettre aux enfants des règles d'hygiène relationnelle communes, permettant d'apprendre à échanger, à partager sans relation dominant-dominé, sans rapport d'aliénation ou de dépendance, sans opposition violente ou affrontement physique. Tout cela suppose aussi que les parents puissent accepter de développer certaines compétences ! Et d'abord en prenant le risque de découvrir qu'ils sont des infirmes de la relation, ce qui ne veut pas dire qu'ils en sont incapables, mais qu'ils peuvent apprendre à mettre en commun, à échanger entre eux et avec leurs enfants en respectant quelques règles minimales d'hygiène relationnelle.

Il y a un parallèle étonnant entre la circulation automobile et la communication. Le permis de conduire a été inventé en France en 1905. Cela veut dire qu'avant cette date, chacun circulait en fonction de son habileté, de ses compétences, de ses désirs ou de la puissance de son véhicule. Devant l'augmentation de la circulation en 1900 et pour faire face à la violence qui sévissait sur les routes, on a imposé quelques règles communes de conduite routière. En matière de communication, tout se passe comme si nous étions encore en 1900 : nous n'avons pas compris qu'avec l'explosion, dans les dernières décennies, des outils de la communication (Internet, téléphone, télévision), on s'exprime plus mais on communique moins ; on a amélioré les moyens de communiquer mais on a appauvri et violenté la relation.

Aujourd'hui, il serait temps de redonner des repères, des balises pour que les parents puissent exercer de l'autorité sur leurs enfants.

Il y a quatre grandes fonctions parentales qui sont à la base de l'autorité : les fonctions maman et mère, les fonctions papa et père. Les fonctions maman et papa sont gratifiantes, bienveillantes, nourrissantes, elles permettent à l'enfant de grandir en sécurité. Les fonctions mère et père sont des fonctions plus frustrantes, plus limitatives, plus sanctionnantes, elles permettent à l'enfant de se confronter à un environnement qui parfois le comblera et d'autres fois le frustrera en ne répondant pas à ses désirs. La délicate gestion des besoins et des conflits inévitables qui y sont rattachés est contenue dans la notion d'autorité.

L'autorité sera la capacité d'influencer autrui (par exemple ses enfants) en leur permettant de devenir auteurs de leur propre vie. L'autorité se distingue d'une part de l'autoritarisme (pathologie de l'autorité) et d'autre part du pouvoir, qui sont l'un et l'autre une façon d'imposer une influence sur autrui par la force, la violence ou la manipulation.

Le problème aujourd'hui, c'est que les pères sont plutôt des papas (trop laxistes ou pseudo-compréhensifs, peu interventionnistes ou sanctionnants), obligeant les femmes à être trop mères, ce qu'elles vivent mal et qui fait qu'elles vont avoir parfois la tentation d'être trop mamans (plus laxistes) mais à contretemps, et ce faisant de répondre trop vite aux désirs de leurs enfants sans les confronter à la frustration de ne pas être comblés tout de suite.

Les conséquences pour l'enfant de l'absence de limites sont multiples, cela débouche sur ce que j'appelle les « enfants du désir ». Enfant roi, enfant hyper-désirant, enfant terroriste relationnel seront le « produit » de parents qui ne savent pas dire non. De parents qui ne savent pas qu'ils sont là pour répondre aux besoins et pas aux désirs (sauf dans des périodes faites pour cela : Noël, anniversaires, réussites à un examen, une épreuve, etc). Le rôle des parents est de leur permettre de rencontrer le principe de réalité qu'ils auront à affronter tout au long de leur vie, de leur faire découvrir que le monde n'est pas au service de leurs désirs, et de les aider à se donner les moyens (créativité, ténacité, travail) pour accéder à certains de leurs désirs. On aidera les parents en leur faisant mieux comprendre que ce qui est important pour le devenir personnel et social d'un enfant, c'est d'avoir des réponses gratifiantes, adaptées et cohérentes par rapport à ses besoins.

Mais il devient de plus en plus difficile pour les parents de limiter, de différer les désirs de leurs enfants, dans une société fondée justement sur l'exacerbation du désir ! Cela devient de plus en plus difficile car l'influence des parents est contrebalancée, sinon combattue, par l'énorme influence d'une culture basée sur la consommation et la recherche maximale du plaisir. Nous sommes dans une culture perverse qui crée sans cesse de nouvelles réponses à des désirs qui n'existent pas encore mais qui vont naître du fait qu'il y aura des « réponses », des « objets », des « situations » pour les stimuler.

Ce problème est accentué par l'absence de communication réelle, la non-distinction entre désir et besoin, le refus ou la difficulté à frustrer des enfants pour leur apprendre le goût de l'effort, la satisfaction différée ou sublimée, l'ignorance de leurs besoins relationnels, la collusion de plus en plus généralisée entre le réel et le virtuel.

Apprendre la communication aux enfants, c'est les aider à mettre des mots sur ce qui se passe, sur ce qu'ils ressentent, sur ce qui se déclenche en eux quand ils rencontrent le refus, l'obstacle, la frustration ou le rejet de leurs demandes et exigences.

L'éducation relationnelle que je propose à partir de la Méthode ESPERE®[1] pose les fondements d'une éducation

1. Voir note p. 19.

non violente. Éducation fondée sur le respect de soi et d'autrui, sur la tolérance, sur la possibilité de vivre des échanges en réciprocité qui intègrent le demander, le donner, le recevoir et le refuser. Fondée également sur la démystification du système anti-relationnel qui domine actuellement dans les relations parentales et les relations enseignants-enseignés : un système basé sur des injonctions (on parle sur l'autre et non à l'autre), sur des dévalorisations (on voit surtout ce qu'il n'a pas fait), sur des menaces et des chantages (on fait peser sur lui des menaces réelles ou fantasmées), sur de la culpabilisation (on lui donne la responsabilité de ce que nous ressentons ou éprouvons de négatif en nous) et sur le maintien de rapports dominants-dominés.

Faire progresser l'éducation relationnelle dans la société d'aujourd'hui devient l'affaire de tous les adultes, parents ou enseignants. Sachant qu'en matière de relation, il n'y a pas de solution, seulement des évolutions. Elles seront lentes, c'est pour cela qu'il faut commencer au plus vite. Il s'agit non seulement d'enseigner la communication relationnelle à l'école comme une discipline à part entière (au même titre que les autres disciplines : lire, écrire, compter, découvrir...), mais de créer des oasis relationnelles (dans l'immense désert de l'incommunication actuelle) dans chaque quartier, dans chaque village où chacun pourrait venir découvrir une autre façon de s'exprimer, de partager, d'échanger, c'est-à-dire de mettre en commun. Il s'agit aussi de mieux utiliser la télévision pour transformer cet outil fabuleux en support éducatif où, à travers de courtes séquences, à des heures de grande écoute, on montrerait quelques règles d'hygiène relationnelle accessibles à chacun, transmissibles dans les principales relations qui tissent la vie : relations de couple, relations parentales, relations à l'école, relations dans le monde du travail, relations civiques et sociales.

Autant de vœux, de projets qui sont pour l'instant des utopies. Mais nous pouvons continuer à avancer, à grandir avec des utopies.

## Nous restons trop souvent des prédateurs, à moins que…

L'être humain (pas moi bien sûr, ni vous qui me lisez, mais tous les autres certainement !) a toujours été un redoutable prédateur envers autrui et surtout envers lui-même. Et peut-être l'est-il encore plus aujourd'hui, avec les moyens et l'assistance d'une technologie accessible au plus grand nombre et qui semble n'avoir aucune limite.

En fait chacun d'entre nous possède une gamme très étendue de moyens pour exercer sa créativité dans ce domaine immense qu'est la prédation ! Un territoire aux possibilités infinies alimentées par le besoin de détruire, de supprimer ce qui nous gêne, de s'approprier ce qui nous manque, d'avoir du plaisir à humilier, à faire mal, à imposer nos croyances, nos désirs ou nos choix de vie, et de créer ou d'entretenir des injustices et autres souffrances.

Tout cela semble être présent dans nos possibles, même si nous avons du mal à le reconnaître. Il suffit parfois d'un élément déclencheur bénin, une parole, un geste, une envie, une peur ou un désir, pour lever nos inhibitions, bousculer nos valeurs, déclencher une tempête en nous et nous pousser aux pires outrances ou débordements.

Non qu'il y ait toujours au départ une intention ou une volonté bien établie de porter préjudice, de faire du mal ou de faire violence aux autres, mais le plus souvent, c'est simplement un enchaînement de réactions, de comportements ou de paroles, de prises de position, de tentatives d'appropriation ou de dépossession. Il y a aussi nos peurs et nos désirs, quelquefois nos besoins, déposés sur l'autre. Sans oublier la volonté d'imposer nos idées, nos valeurs, notre point de vue ou plus simplement d'avoir raison sur lui, de le convaincre du bien-fondé de nos idées, avec parfois la tentation de le dominer, de l'asservir.

L'origine de la violence banale (mais existe-t-il réellement une violence banale ?) peut trouver sa source dans la difficulté à mettre des mots sur notre propre ressenti, sur nos sentiments, sur notre vécu et dans le désir de sortir de notre impuissance par un passage à l'acte : « Tu ne veux pas me comprendre, alors je cogne », « Tu ne veux pas me rendre ce qui m'appartient, alors j'essaie de te le reprendre et même de te détruire pour que tu ne puisses plus recommencer », « Tu souhaites m'entraîner dans ta foi et comme je résiste, tu veux me contraindre et même me soumettre », « Je n'ai pas le même désir que toi et je vais découvrir que tu n'hésiteras pas à m'imposer le tien par la force », « J'ai ce que tu n'as pas et tu veux me le prendre ! », « Tu as ce qui me manque et je vais te l'enlever... »

Mon propos ne consiste pas à dénoncer mais à mettre en évidence, avec un peu d'humour et beaucoup de tendresse, quelques points sensibles, simples, accessibles à chacun, qu'il serait souhaitable de faire évoluer, pour se proposer, entre humains et surtout avec des proches, des relations sans violence. Ceci en prenant appui sur quelques repères :

* Renoncer à pratiquer la communication indirecte, c'est-à-dire arrêter de parler sur les autres (de préférence en leur absence !) et accepter d'échanger plus directement avec la personne concernée par nos propos. Ou encore ne pas collaborer aux rumeurs ou aux anathèmes. Éviter de

déposer des jugements de valeur, des étiquettes, de participer à des rumeurs.

* Lâcher prise sur quelques-uns des modes de fonctionnement qui dominent dans nos sociétés ou ne pas entretenir le système SAPPE[1], qui est un système anti-relationnel à base d'injonctions, de dévalorisations, de menaces, de culpabilisations, de rapports dominants-dominés.
* Éviter de créer l'opposition et l'affrontement en privilégiant l'apposition des idées et la confrontation des croyances. Et faire que chacun ait la possibilité d'énoncer son point de vue en toute liberté, puisse entendre et confirmer celui de l'autre, témoigner de ses convictions et se donner les moyens de proposer des relations en réciprocité.
* Trouver la bonne distance vis-à-vis des relations qui touchent à nos zones d'intolérance, pouvoir se protéger de ceux qui peuvent freiner ou ralentir notre croissance, oser pratiquer la restitution symbolique, pour ne pas se laisser polluer par les messages toxiques ou les conduites agressantes qui peuvent venir de l'autre.
* Rester à l'écoute de nos besoins vitaux et en particulier de nos besoins relationnels, sans les confondre avec nos désirs.
* Et ce faisant, accepter de procéder à un nettoyage de la tuyauterie relationnelle avec nos parents ou avec les personnes significatives de notre enfance ainsi qu'avec ceux qui partagent notre environnement actuel, quand cette tuyauterie est trop chargée de messages disqualifiants, dévalorisants ou violents.
* Sans oublier d'assumer la responsabilité de ce que nous éprouvons et ressentons, sans tomber dans l'accusation, le reproche, la culpabilisation ou la victimisation.

1. Voir note p. 169.

Ainsi, en procédant à un assainissement de nos relations, à une clarification de nos modes relationnels, en devenant plus lucides et vigilants sur notre façon d'être au monde, nous pouvons espérer ne pas trop entretenir le prédateur qui nous habite et lui donner une place plus modeste dans notre existence.

Nous voulons tous communiquer, mais nous le faisons dans l'improvisation et même l'anarchie la plus complète, imaginant que les autres ont les mêmes intentions ou les mêmes possibilités communicationnelles que nous ! Il est évident qu'aujourd'hui les possibilités de s'exprimer se sont incroyablement développées, qu'on s'exprime plus qu'autrefois, mais sans pour autant communiquer plus ! Il y a de nos jours une incommunication dominante qui est à la source de beaucoup de violences ou d'autoviolences et donc de souffrances qui semblent sans issue. Rappelons-nous que lorsqu'il y a silence des mots, quand nous ne pouvons pas dire nos ressentis, nos sentiments, nos valeurs, nos convictions, quand nous sommes dans le mal-être des mots, se réveillent alors les maux, contre autrui ou contre soi-même.

C'est que nous sommes aussi des prédateurs très habiles envers nous-mêmes ! Apprendre à mieux repérer les autosaboteurs qui sont à l'œuvre dans notre vie intime, professionnelle ou sociale est un pas de plus pour ne pas nourrir ou alimenter la violence qui nous habite.

# Il y a des vies étonnantes

Une femme m'a parlé de son grand-oncle, le docteur Tchesnov. J'ai trouvé ce qu'elle m'en a dit si étonnant que j'ai voulu en garder la trace.

« Mon grand-oncle, que nous appelions Nunky, était d'origine lituanienne, et avait fait ses études de médecine à Moscou. Très jeune, il s'était spécialisé dans les maladies vénériennes, et fut l'un des médecins qui soigna Lénine pour sa syphilis, durant les dernières années de sa vie.

Après la mort de Lénine, ne se sentant plus en sécurité après la disparition de celui qui avait mis sa vie entre ses mains et qui n'était plus là pour le protéger, il émigra en Italie et dut recommencer ses études de médecine, pour pouvoir pratiquer son art et sa passion : apaiser la souffrance. Avec l'arrivée de Mussolini au pouvoir, il dut s'exiler à nouveau et partit pour l'Angleterre et là encore, à plus de quarante ans, il dut recommencer ses études de médecine pour pouvoir exercer sa vocation. Il a souvent pesté devant moi, en russe, en italien, en anglais, parfois en allemand, contre l'absurdité de règlements qui l'infantilisaient, mais n'a jamais hésité à partager son savoir et son immense expérience avec les professeurs, chargés de valider sa formation, qui venaient le consulter pour des cas difficiles. Enfin stabilisé à Londres, il fut tout le reste de sa vie un homme rempli d'humanitude. Tard dans la nuit, après sa journée d'hôpital, il soignait à son domicile les prostituées et les chauffeurs de taxi atteints de maladies vénériennes. Pour ses malades "du soir" il utilisait beaucoup de traitements de type placebo, en disant : "Les gens qui se croient malades ont besoin de retrouver le respect d'eux-mêmes, alors je les écoute, les gens qui sont réellement malades ont surtout besoin d'alliés, j'en suis un pour chacun." Quand nous prenions un taxi, la plupart des chauffeurs qui le connaissaient s'écriaient en riant à gorge déployée : "Hello, *doctor*, vous acceptez enfin de me consulter dans mon taxi ?" Ils étaient fiers d'être soignés par le médecin qui avait eu Lénine comme patient. Ils ne lui faisaient jamais payer la course !

Mon grand-oncle n'était pas très grand – quand j'avais douze ans, il avait la même taille que moi – mais il était large et costaud, avec une chevelure très abondante, comme en portent aujourd'hui certains Afro-Américains.

Il disait de sa sœur, qui était ma grand-mère : "Elle était, et c'est vrai, la plus belle fille de Riga. Ton grand-père a fait sa conquête en empruntant quatre chevaux et un tilbury anglais et en passant plusieurs fois par jour durant trois jours sous ses fenêtres, debout, en hurlant à ses chevaux des ordres dans une langue qu'il avait inventée pour la circonstance. Ta grand-mère a été séduite par sa voix et surtout par l'assurance avec laquelle il savait parler aux chevaux !"

Mon grand-oncle adorait faire la cuisine et mettait pour cela un immense tablier rouge, mais comme il était très distrait, il n'était pas rare de le voir partir pour l'hôpital en tablier, oubliant son veston.

Quand il mourut, ils furent nombreux ceux qui l'accompagnèrent au cimetière. C'est homme ne fut jamais célèbre, mais dans mon cœur il l'est car c'était un homme d'amour et d'humour, qui savait mettre son savoir au service de chacun et le partager. »

Nous croisons parfois quelqu'un sans lui accorder un seul

regard, nous échangeons quelques phrases banales avec une personne rencontrée lors d'une soirée, nous vivons parfois des années près d'un homme ou d'une femme et nous restons souvent à la périphérie de sa vie, à la lisière de son existence, au bord de ce qui fut essentiel ou extraordinaire, douloureux ou merveilleux pour lui ou elle.

Il y a beaucoup de vies étonnantes, dont le souvenir meurt trop vite, avec ceux qui les ont vécues.

## Pour aller au-delà d'un chaos annoncé, pour continuer à exister

Depuis quelques années les mouvements de la vie se sont accélérés autour de nous. Ces mouvements, devenus parfois des tourbillons, créent ainsi des collusions et des confusions incompréhensibles. Des informations économiques, financières, écologiques, religieuses contradictoires, vraies pour les uns, fausses pour d'autres, se bousculent, se contredisent, semant méfiance et trouble. Les unes paraissent à certains moments inquiétantes, à d'autres plus banales, et peuvent s'annuler ou s'oublier à quelques jours d'intervalle.

Et puis il y a surtout le doute, l'insécurité qui naît de la non-confiance en ceux qui nous dirigent ou qui sont censés savoir. Tous ces experts qui n'avaient pas prévu l'éclatement de cette crise financière, qui n'ont pas vu s'accumuler la folie de quelques banquiers, la redoutable emprise de l'argent et de la corruption dans les prises de décision politiques ou économiques, l'incohérence des promesses non tenues. La surdité de tous ceux qui n'ont pas su entendre les signes et veiller à maintenir un équilibre écologique plus rigoureux. L'aveuglement criminel de nos gouvernants sur les conséquences parfois irréversibles qui vont peser sur une planète blessée et que nous allons laisser en héritage à nos descendants.

Tout cela nous renvoie à l'urgence d'une autoprotection plus personnelle, à la nécessité de se donner des repères plus fiables, de trouver, de retrouver dans nos ressources intimes et dans nos potentialités en jachère, dans nos possibles en friche, dans nos rêves violentés, une issue, un chemin d'espérance.

Je vois comme une issue possible à un chaos annoncé la nécessité urgente de se former aux relations humaines, de découvrir des balises communes, accessibles, transmissibles pour mieux apprendre à mettre en commun, c'est-à-dire à échanger, à partager, à créer ensemble, pour confirmer que nous sommes des êtres interdépendants les uns des autres.

De même, et je le précise à nouveau, qu'au travers du code de la route et du permis de conduire ont été imposées un certain nombre de règles communes pour circuler, se déplacer, que l'on soit en voiture, à cheval ou à pied. Il apparaît aujourd'hui, de façon de plus en plus évidente, que nous vivons, avec un siècle de retard, la même problématique en termes de cohabitation planétaire. Avec l'extraordinaire développement des outils de la communication (Internet, cellulaire, fax, télévision...) il y a actuellement une saturation, des embouteillages, des malentendus, des tensions et des conflits relationnels de plus en plus violents entre les individus.

Nous avons développé ce que j'appelle une « communication de consommation » (confondue avec la circulation de l'information) au détriment d'une communication relationnelle. Une communication qui serait plus conviviale, plus personnalisée, une communication qui nous relierait, nous amplifierait, nous dynamiserait mutuellement. Nous avons aujourd'hui du mal à mettre en commun, à créer des relations en réciprocité, permettant de ne pas se laisser enfermer dans des comportements d'infantilisation ou d'aliénation que nous sécrétons ou proposons trop souvent avec la plus parfaite sincérité et inconscience.

Les changements urgents vers lesquels nous pourrions nous diriger supposent un travail sur soi pour développer des relations conscientes, autonomes, porteuses de vivance et non d'aveuglement ou de désespérance. Une proposition qui me semblerait acceptable par chacun serait que nous puissions nous engager, quels que soient notre âge, notre fonction, notre statut social, à nous former aux relations humaines. Et aussi de veiller à ce que l'école, durant tout le cursus scolaire, puisse transmettre à nos enfants ces règles d'hygiène relationnelle pour mieux apprendre à vivre ensemble (ce qui devrait être, avec la transmission de savoir et de savoir-faire, une des grandes missions de l'école). Pour désapprendre la compétition, la fuite dans la consommation ou l'égarement dans les univers virtuels. Pour renoncer à la défiance, à la violence et à l'autodestruction qui dominent dans de plus en plus de domaines de la vie.

Pour que l'aspiration à un mieux-être, à un mieux-vivre, ne reste pas un vœu pieux.

*Rêves*
*Projets*
*Utopies*

# Et soudain la Vie ardente

Si une première parcelle de Vie se dépose en nous au moment de la conception, puis se structure, s'accroît au cours de la gestation pour apparaître au grand jour à notre naissance, il ne faut jamais oublier que d'autres parcelles surgissent à chaque instant dans nos existences, venant agrandir ce premier germe, ce cadeau magique que nous avons tous reçu de nos géniteurs.

Ainsi la Vie se crée, se recrée en nous en permanence. Elle s'offre à chacun de nous avec une générosité infinie, elle est capable d'amplifier et de magnifier chaque instant, d'irriguer et de vivifier chaque étape de notre parcours de vie. Mais la Vie peut aussi être blessée, elle peut sembler nous décevoir, paraître nous égarer ou nous laisser croire qu'elle s'éloigne de nous. Elle peut au cours d'une longue existence, suivant les rencontres que nous allons faire ou les séparations que nous allons affronter, chanter ou se taire, s'émerveiller en nous ou encore se désespérer, vibrer ou s'anesthésier, mais elle est toujours présente en nous, à chaque seconde de notre existence. Je crois profondément que le propre de la Vie est de pouvoir renaître sans cesse, d'avoir des ressources pour se diversifier, de savoir s'agrandir au gré des forces subtiles qui s'agitent autour de ceux qui savent l'honorer en eux.

Ce qu'il faudrait apprendre à nos enfants, c'est que la vivance de la Vie, c'est-à-dire cette qualité de densité, d'intensité, de ferveur et de puissance qui nous habite à certains moments et pas à d'autres, est à respecter, à entretenir, à nourrir à chaque instant.

La Vie n'est jamais statique, elle est dans une mouvance constante qui nous surprend, nous étonne, nous comble, nous bouscule ou nous dérange parfois. C'est de notre responsabilité de ne pas la violenter, ni de la forcer, mais d'apprendre à l'apprivoiser, à l'encourager, à l'aimer.

Quand j'entends dire que la Vie est difficile, dure ou injuste, je réponds que ce n'est pas comme cela qu'elle se présente à nous, mais que c'est bien nous qui la maltraitons, la méprisons ou qui l'ignorons, jusqu'à ce qu'elle se rappelle à nous. C'est bien nous, les humains, qui voulons en profiter, en jouir à corps perdu et en même temps qui la galvaudons, la violentons, la brutalisons avec le plus complet des aveuglements et une inconscience rare.

Je trouve, pour ma part, que la Vie, dans ses manifestations multiples, est une succession de miracles inouïs. C'est un mouvement, un élan, un souffle qui soudain s'éveille, s'élance, se reprend et se donne en entier à qui sait l'accueillir. La Vie dynamise, vivifie chaque instant de nos journées, sans que nous le remarquions toujours, sans que nous lui accordions les regards, les attentions, les soins et le respect qu'elle mérite.

Si nous la respectons déjà à l'intérieur de nous, si nous lui donnons tout l'espace et le bon auxquels elle a droit, si nous apprenons à la remercier, à l'honorer par quelques marques d'attention particulières, régulières et surtout bienveillantes, la Vie, reconnaissante, nous comblera. Ainsi chaque matin, à partir d'un geste simple dans sa direction ou à d'autres moments de la journée, en lui accordant une pensée, un peu de temps, nous allons la vivifier, la dynamiser et lui permettre de grandir encore et encore en nous.

La Vie ardente a besoin de notre compassion et de nos enthousiasmes. La Vie en nous mérite d'être aimée et je crois qu'elle nous le rendra au centuple.

## La tentation ardente du bonheur

Il y a en chacun de nous, je le crois profondément, une aspiration légitime à vouloir être heureux, à être mieux dans sa peau, à se sentir plus à l'aise avec soi-même et avec les autres, surtout avec ses proches. En ce sens le bonheur peut se comprendre non comme un état acquis, mais comme un ensemble de ressentis positifs, de sensations bonnes, d'émotions pleines à atteindre. Le bonheur peut se concevoir ainsi comme une tentative vers un meilleur accomplissement de soi, comme une recherche balisée par différents repères qui seront propres à chacun.

Ce qui me semble correspondre le plus à ma sensibilité, dans ma propre quête du bonheur, c'est la notion d'accord, au sens musical du terme. Je me sens heureux à l'intérieur d'un double accord, d'ailleurs rarement atteint. Un accord en moi, entre ce que je dis et ce que je pense, entre ce que je fais et ce que je ressens, et qui, au même instant, doit pouvoir cohabiter avec un accord partagé par mon entourage immédiat. Car comment pourrais-je me sentir heureux si je sens autour de moi du mal-être, du désarroi ou de la souffrance ?

Les autres ingrédients indispensables à la conquête du bonheur varient selon les personnes et les différentes séquences d'une vie. Pour certains, ce sera la certitude d'être à l'abri de la maladie ou encore de jouir d'une sécurité matérielle et financière au présent et pour l'avenir. Pour d'autres, ce sera la possibilité de posséder une œuvre d'art, de détenir un objet rare ou de concrétiser un projet, de terminer une réalisation. Pour d'autres encore, ce sera peut-être d'avoir le sentiment de se sentir aimés et d'être aimés ou encore d'être rassurés sur l'amour que l'être aimé peut avoir envers eux !

Pour ma part, les ressentis qui me rapprochent le plus du bonheur sont la capacité de m'étonner et de m'émerveiller, celle de pouvoir vivre l'instant présent sans me laisser parasiter par les situations inachevées du passé ou l'anticipation plus ou moins inquiétante de mon futur. Je crois que le bonheur se vit au présent dans un ressenti jubilatoire, intense, dense, lié au plaisir, à la joie et au bien-être intérieur.

Ainsi au marché de mon village j'ai vu une religieuse en habit prendre tout son temps pour choisir, sur un stand tenu par un Arabe, des petites culottes, oui, des petites culottes ! Elle prenait du temps, pour en toucher la texture, la forme et discrètement les présenter devant elle pour en évaluer le tour de taille. Et le vendeur, lui tendant de nouvelles pièces, détournait pudiquement le regard, pour ne pas la mettre mal à l'aise. J'ai trouvé ce moment merveilleux, un instant parfait de bonheur qui a illuminé toute ma journée.

Quand j'entends une de mes filles dire à ses enfants : « Venez, je vous emmène tout au fond du jardin de grand-père, on va écouter un concert de silence.

– Mais il y a plein de bruits d'oiseaux, de cigales et même de grillons, argumente son fils Jeremy.

– Justement, c'est ça aussi le silence, tous ces bruits qu'on entend quand on se tait, les bruits de la vie ardente qu'on n'entend que si on leur prête attention ! »

Ou le dialogue entre ces deux petites filles qui discutent sur la plage en faisant un château de sable : « Tu sais que la maman de Sylvie est morte ?

– Oui, j'ai entendu qu'une voisine le disait, mais c'est pas possible, moi je sais que c'est pas vrai, parce qu'une maman ne peut pas mourir en laissant ses enfants ! »

Cette amie, metteur en scène et comédienne, me disait : « Le bonheur pour moi, c'est quand je peux donner une forme, un mouvement à la lumière qui est à l'intérieur de moi. »

Mais attention, au-delà de la tentation du bonheur, il y a la dictature du bonheur, qui sévit aujourd'hui. Cette dictature n'existe que par la combinaison de quatre phénomènes :

* Une pression extraordinaire de la société de consommation (publicités, films, médias), avec une injonction latente : « En possédant cet objet, cette voiture, ce parfum, vous vous devez d'être heureux, sinon votre vie n'a pas de valeur ou de sens ! »
* Le syndrome de l'instantanéisme, de l'immédiateté universelle qui consiste à « vivre tout en même temps, au même instant » : j'embrasse ma femme et du coin de l'œil je console mon fils, tout en pensant à un prochain chapitre de mon livre et j'entends à la télévision que les inondations du Pakistan ont ravagé les habitations de quatre cent mille habitants et qu'une mère a tué et congelé trois de ses bébés ! Tout se mêle dans une sorte de chaos sans point fixe. Alors je me raccroche à ce petit bonheur, qui surnage, fragile, au-dessus de tous les désastres, celui d'avoir été épargné, d'avoir survécu à tant de calamités, survenues à d'autres ! Moi, quand même, j'ai échappé à tout ça ! Je peux m'estimer heureux !
* Un état latent de frustration intime à l'idée de tout ce que nous n'avons pas honoré, renforcé, de ce que nous avons banalisé, de tout ce que nous avons considéré comme négligeable. Frustrations entretenues par des ressentiments autour de désirs qui s'enflamment de dépit, quand

nous pensons à ce que certains ont sans même l'avoir mérité !

* À cela s'ajoute une angoisse sourde, qui habite beaucoup de gens. Une angoisse liée à la non-confiance dans l'avenir et qui incite à s'engouffrer dans le présent, à le dévorer, à le consommer à toute vitesse, à vouloir n'en rien perdre, pour ne pas risquer de passer à côté de quelque chose d'important et, en même temps, à ressentir l'amertume de se sentir obligé de vivre tant de moments de façon parcellaire, morcelée, de ne pouvoir vivre l'instant à pleine vie.

La dictature du bonheur, qui se répand aujourd'hui dans quasiment toutes les couches sociales, me semble liée à un ensemble d'erreurs éducatives commises à l'égard des enfants et des jeunes adultes. Au fait qu'ils ont été élevés dans l'ordre du désir (et non dans celui de leurs besoins), ce qui développe en eux la dynamique du tout ou rien, de préférence le tout, tout de suite, sans contrepartie à donner.

Cela se traduit par la nécessité, plus ou moins impérieuse, de capter, d'étreindre à la fois l'être et l'avoir, de combiner ce que je suis, ce que je sens, ce que je veux, ce que je peux, ce que j'ai et ce qui me manque ! De vouloir me sentir bien en expérimentant des rencontres, en tentant de vivre le plus de « choses » possibles. De tenter d'acquérir un certain nombre d'objets ou de biens non pour répondre à des besoins, mais pour alimenter des désirs sans cesse en mutation. Car les grandes marques d'automobiles, d'objets ménagers, d'informatique, les multinationales du loisir, avec une habileté sans cesse renouvelée, vont créer, stimuler de nouveaux désirs en apportant des réponses à des désirs qui n'existaient pas.

Il y a, depuis quelques années, dans beaucoup de relations intimes, l'émergence d'un véritable terrorisme relationnel, fondé sur la toute-puissance du désir réclamant satisfaction immédiate. Avec le paradoxe suivant : l'enfermement dans une dépendance (qui ne sera jamais comblée) à des désirs « fabriqués », et la confrontation à des manques, confrontation assortie de beaucoup de frustrations inconscientes par rapport à des besoins relationnels plus vitaux qui ne sont pas entendus, pas comblés !

La dictature du bonheur se nourrit d'abord de la projection d'un manque (si je n'ai pas le déodorant « Femme superwoman » je ne serai pas perçue comme une femme d'affaires performante ! Si je n'ai pas le brushing et la coloration « Gazelle en furie », adaptée à mon teint et à ma personnalité, je serai moins désirée ! Si je n'ai pas le parfum « Cours après moi que je t'attrape » j'aurai peu de chances de rencontrer l'homme ou la femme de ma vie !).

Il y a aussi la croyance – et le leurre – que ce qui me rendrait heureux est quelque chose qui serait à l'extérieur de moi, que je dois tenter d'obtenir, et non quelque chose qui est déjà à l'intérieur de ma personne et que je devrais laisser s'éveiller, cultiver, s'agrandir en moi et partager.

La dictature du bonheur nous aliène ainsi plus que nous ne l'imaginons, car elle nous transforme en citoyens ambivalents, oscillant entre une confortable et une inconfortable insatisfaction.

# S'ouvrir à la paix

On oppose souvent les termes « guerre » et « paix », mais nous le savons, la paix n'est ni un antidote à la guerre ni sa solution. Elle est une qualité particulière de la vie caractérisée par un ressenti partagé de confiance, d'harmonie, de compassion envers soi et envers les autres. Faire la paix, être en paix me semble être la résultante d'une démarche, c'est-à-dire d'un travail d'éveil, de conscientisation et d'archéologie personnelle, ce que j'appelle un « travail sur soi ».

L'homme a toujours été un prédateur : un prédateur pour sa survie, un prédateur pour la conquête de son territoire, un prédateur pour l'impérialisme de ses idées ou de ses croyances. Il est devenu aujourd'hui un redoutable prédateur non seulement pour l'ensemble du vivant de cette planète, mais surtout pour lui-même. Car les violences les plus terrifiantes qu'il peut imposer sont celles qu'il va s'infliger à lui-même.

La paix dans le monde ne peut résulter du seul équilibre des rapports de force, de la négociation ou des alliances entre les États. La paix dans le monde ne peut s'installer de façon durable qu'à partir d'un apaisement intérieur, de la recherche d'une paix en soi par le maximum d'hommes et de femmes de cette planète. Et il semble que ce ne soit pas la priorité ni l'urgence pour beaucoup !

Car la paix en soi ne relève pas du seul développement

harmonieux d'un individu ni de la réponse satisfaisante à ses besoins vitaux, mais de deux grands facteurs qui sont aujourd'hui sous-estimés dans l'éducation familiale et scolaire :

* La satisfaction des besoins relationnels primaires.
* L'ancrage de certaines valeurs posées comme des balises pour permettre à tout enfant, à tout être humain de se relier aux autres dans une réciprocité, une mutualité qui n'aliène ni son autonomie, ni ses ressources, ni celles de l'autre.

Je vois la paix comme une minuscule graine reçue en cadeau par chacun, dans les premiers moments de la vie, et dont la maturation supposera des soins, de l'attention, de la rigueur dans l'éducation et dans l'accompagnement d'un enfant.

Je vois la paix comme un ancrage central, lié à une reconnaissance essentielle : la parcelle de vie que nous avons reçue en dépôt au moment de notre conception fait partie du Tout primordial, nous reliant ainsi à la totalité de la présence du vivant.

Les fondements les plus archaïques et les plus vitaux de la paix sur notre planète sont la nécessité non seulement de maintenir vivante, en nous et autour de nous, la vivance de la vie, mais de l'agrandir, de l'embellir, de lui donner tout l'espace qu'elle mérite aux fins de la prolonger, bien au-delà de l'existence de chacun, dans un futur plus apaisé. En ce sens, on pourrait dire que la recherche de la paix est une des missions spécifiques qui incombent à chaque être humain pour donner un sens à son passage sur la Terre.

L'humanité jusqu'ici n'a pas suivi cette voie, la voie de la paix qui consiste à protéger le vivant, dans toutes ses manifestations, des déviances possibles de tous les autres vivants. Quelques individus, quelques sages, quelques prophètes s'y sont aventurés, quelques mouvements aussi se sont mobilisés avec des modalités souvent réactionnelles, pour sensibiliser à la nécessité de la paix et pour lutter contre la violence, la guerre, la destruction.

On a souvent assisté à ce mouvement de balancier, de restauration nécessaire, montrant après un temps de violence ou de guerre une aspiration profonde à la paix. Mais cela ne devrait pas nous faire oublier qu'un seul jour de guerre laisse plus de traces et plus de dégâts dans un paysage, dans le cœur, le corps et l'esprit d'une nation ou d'un individu, que cent jours de paix !

Il ne suffit pas de ne pas vouloir la guerre, de rechercher ou de défendre la paix, il faut être plus exigeant aujourd'hui : il faut vouloir implanter les bases d'une éducation, d'un enseignement universel à la paix, qui puisse toucher chaque enfant, chaque être en devenir.

Nous sommes aujourd'hui, plus que jamais dans l'histoire de l'humanité, des êtres planétaires concernés, touchés, associés à tout ce qui surgit, à tout ce qui se passe en chacun des points du monde. La Terre nous a accueillis, il y a quelques millions d'années, elle nous a permis de grandir et nous a laissés aussi l'exploiter, la maltraiter, la violenter avec des moyens et des efforts qui ne sont plus simplement manuels ou ponctuels, circonstanciels ou aléatoires. Aujourd'hui, nous exploitons cette planète bien au-delà des nécessités de notre survie avec des outils technologiques d'une efficacité redoutable, dont les impacts sont trop destructeurs, durables et parfois irrémédiables. Nous avons accepté de laisser en dépôt, en héritage, au fond des océans, dans l'atmosphère, dans des grottes ou des bunkers, de quoi polluer, de quoi assassiner la vie de nos arrière-petits-enfants et d'une foultitude d'espèces végétales et animales, qui déjà disparaissent chaque année.

Oui, je suis pour une éducation à la paix, pour une éducation qui pourrait être enseignée à l'école mais faire aussi l'objet d'une transmission, d'un approfondissement tout au long de la vie.

Oui, je me sens partie prenante pour ne plus maltraiter la vivance de la Vie. La Vie, ce miracle permanent dont nous sommes chacun porteurs à tout instant.

Oui, je suis pour faire la paix avec chacune des parcelles de Vie qui m'habite et qui m'entoure.

## Je crois qu'il existe des enseignements sacrés

Je crois qu'il y a des enseignements sacrés auxquels nous pourrions accéder et qu'il serait possible par la suite de dispenser à nos enfants et, pourquoi pas, à des ex-enfants devenus adultes.

Enseignements sacrés dans le sens où les connaissances, je devrais dire la co-naissance, qu'ils vont révéler peuvent éveiller et agrandir cette part de nous capable de nous faire rencontrer le divin qui habite chacun. Même si beaucoup d'entre nous ignorent ou en nient jusqu'à l'existence.

Un enseignement à l'amour de soi par exemple, qui n'aurait rien de narcissique ou d'égocentrique, pour apprendre à mieux s'aimer. C'est-à-dire à mieux se respecter, à mieux se responsabiliser, à s'accorder une attention bienveillante, capable, dans les méandres de notre vie, de nous donner la liberté de donner le meilleur de nous-mêmes, de donner et d'offrir sans attendre de contrepartie, sans troc relationnel, sans chantage affectif parfois trop présent, en particulier dans certaines relations parentales ou conjugales !

Un enseignement à la beauté, à l'éveil du regard, à la sensibilité du toucher, au langage des odeurs, aux rires et aux pleurs de nos émotions, à l'envol de nos étonnements ou encore à l'abandon et au plaisir de s'émerveiller.

Un enseignement à une écoute centrée au présent, sur

celui ou celle qui est là devant nous, pour mieux différencier la personne, en ne la confondant pas avec son comportement, ses difficultés ou ses réactions. Une écoute qui permette à celui qui parle non seulement de se sentir entendu, mais de s'entendre au plus près de ce qu'il a à dire.

Un enseignement à l'échange et au partage, à la mise en commun fondée sur la recherche de la réciprocité (sans domination ni soumission), sur l'apposition (et non l'opposition), sur la confrontation (plutôt que l'affrontement), sur le respect, la tolérance et la compassion. Et cela à partir de la mise en pratique de quelques règles d'hygiène relationnelle accessibles à chacun, règles ou repères capables de nous aider à susciter et à développer des communications ouvertes qui prendraient en compte tous les langages que nous avons à notre disposition : langage des mots et de leurs résonances, langage des regards et de leurs lumières, de l'énergie et de ses vibrations, langage des corps et de leurs paysages ou encore langage des sentiments et de leurs mystères.

Un enseignement au rire pour mieux nous relier à la joie de l'existence et aux émotions positives qui nous entourent.

Un enseignement à la recherche du geste juste, à la danse, pour vivifier nos corps, et permettre à nos mouvements de trouver une place, un ancrage dans l'immensité de l'univers sensible.

Un enseignement à la Vie, pour protéger, agrandir et répandre ce germe déposé en nous. Pour pouvoir entrer pleinement dans ce courant dc Vic dont nous sommes à la fois une parcelle infime et le témoignage. Pour se relier, enfin accordé, à l'immensité d'un Tout présent sur cette terre et peut-être au-delà.

Il me semble que si nous acceptions d'accueillir ces enseignements, d'en témoigner et même de les transmettre, notre passage sur cette planète aurait plus de sens.

# À travers des gouttes de pluie, voir danser la lumière

Quand vous pouvez, à travers les gouttes de pluie, voir danser des éclats de lumière, quand vous pouvez entendre dans les cris du silence les murmures du merveilleux ou les rires de la vie, c'est que votre regard reste vivant, que votre écoute est encore ouverte, que votre cœur demeure disponible pour s'émerveiller de l'imprévisible. Plus simplement, cela veut dire que tout n'est pas perdu, qu'il reste encore en vous des ressources en attente d'être reçues ou offertes, des désirs à réaliser et des enthousiasmes à proposer.

Bien sûr, il pleut parfois autour de nous ou en nous. C'est quelquefois la bourrasque et parfois aussi la tempête sur certains passages de nos existences. Alors la tentation du repli sur soi se présente comme un refuge, l'envie soudaine d'un plongeon dans la morosité comme une alternative au découragement, et des constats amers, des flots de critiques ou d'accusations viennent facilement à nos lèvres de façon faussement libératoire. Tout cela contribue à contaminer nos esprits, à paralyser notre attention, à racornir notre sensibilité, et même à gélifier l'ardeur de nos ressources.

Il y a parfois aussi le mouvement, que nous pensons salvateur, de fuir, de nous évader dans le virtuel, de nous laisser bercer par des incantations qui nous invitent à nous en remettre à des entités bienveillantes, voire à nous montrer, démontrer, exemples à l'appui, qu'il est temps de croire au salut proposé par un être supérieur. De retrouver au plus vite la foi en des divinités ouvertes à notre salut, d'invoquer des dieux (ils sont de plus en plus nombreux) qui, nous dit-on, ne souhaitent que notre bien-être et veulent notre bonheur, qui, nous assure-t-on, ne demandent qu'à nous aider, prêts qu'ils sont à agir, à intervenir pour nous tirer d'affaire, pour nous protéger, nous isoler de la masse et nous accorder un statut spécial pour échapper aux malheurs à venir et en particulier à une fin du monde catastrophique, proche ou plus lointaine mais de toute façon irrémédiablement certaine !

Et puis il y a quand même, il faut le reconnaître, l'incertitude des jours à venir (ce qui n'est pas nouveau, mais qui s'intensifie), les abus (dans tous les domaines), les tromperies (les plus incroyables), les duperies (les plus colossales), les corruptions (sans état d'âme, ni aucune sanction envers ceux qui en vivent), tout un univers de financiers, de joueurs, d'acrobates boursiers (pas toujours anonymes) qui gèrent à leur seul profit, outre notre présent, une grande partie de notre avenir. Tout cela nous oppresse, nous indigne, mais surtout nous révolte tout en nous fragilisant, et nous confirme dans notre impuissance. Impuissance relative et provisoire, mais parfois trop pesante, trop lourde à porter.

Malgré tout nous avons des ressources, le tout est de savoir si nous saurons les utiliser au-delà de notre indignation ! En attendant, nous avons des sursauts, le goût soudain de ne plus nous laisser faire, le désir violent ou timide de changer le monde. Nous cherchons des appuis, des oreilles, une écoute, des encouragements pour ne pas nous sentir seuls ! Alors nous introduisons un changement majeur ou minime dans notre relation aux autres, dans notre alimentation, dans notre façon de conduire, de dormir ou de travailler ou d'aimer et de vivre à deux.

Petits changements qui deviendront grands, qui nous propulsent plus vivants sur un chemin de vie illuminé d'espérance !

# D'où viennent les songes ?

« Maman, d'où viennent les rêves ? » demanda un matin ce petit garçon à sa mère qui finissait de l'habiller avec des gestes un peu brusques, car elle se sentait en retard, déjà pressée d'aller déposer son enfant à l'école avant de se rendre à son travail. Ce n'est que plus tard, à la fin de cette même journée, au moment de l'embrasser avant qu'il ne s'endorme, qu'elle put reprendre la question de son fils et lui chuchoter : « Les rêves viennent du sommeil. Quand on dort et qu'on est bien reposé, il y a alors dans les recoins de notre esprit des rêves qui se réveillent, qui arrivent dans le désordre et qui envahissent notre esprit et peut-être aussi notre corps, car nous voyons des images si claires même quand elles nous semblent incroyables, nous éprouvons parfois des sensations si fortes que nous avons le sentiment que nos rêves sont dans une réalité plus vraie que celle du jour. Certains rêves sont si présents, si intenses que celui qui rêve a la certitude qu'il est plus éveillé que jamais ! Avec les rêves, au fond, lui dit-elle soudain songeuse, c'est comme si on avait plusieurs vies en même temps ! »

Je crois que cette femme était de bon sens. Elle disait ainsi à son enfant quelque chose d'essentiel : les rêves remplissent une fonction et vraisemblablement plusieurs fonctions très importantes dans le déroulement de notre existence, en particulier celle de nous permettre d'imaginer même l'inimaginable et de nous faire toucher du doigt ou pressentir de façon sensible que la vie a beaucoup plus de dimensions que celle de notre quotidien.

Je n'ai pas trop envie, pour ma part, de savoir d'où viennent les rêves. Même si je présume qu'ils se rattachent, par des associations visibles ou moins visibles, à des événements de notre vie diurne, même si je sais, par quelques lectures, qu'ils ont un sens, qu'ils sont porteurs de messages essentiels à la compréhension de notre histoire, qu'ils favorisent l'expression ou la libération de quelques désirs indicibles, qu'ils permettent de compléter une situation inachevée ou encore qu'ils peuvent nous aider à nous réconcilier avec une partie de notre enfance blessée. Tout cela est plausible et je reste dans l'accueil de tous ces possibles.

Mes rêves les plus étranges surgissent au cours de certaines nuits, avec plus ou moins de force et d'intensité. Ils se répandent et envahissent parfois tous mes sens, à tel point qu'au réveil, comme l'évoquait cette femme avec son fils, il me faut plusieurs minutes pour les dénouer de la réalité présente ces matins-là.

Certains me disent qu'ils rêvent toute la nuit, d'autres que sitôt les yeux fermés, ils enchaînent les rêves en continu. « Moi, me disait cette jeune femme, je n'ai pas le sentiment de m'endormir, mais de plonger directement dans un rêve, comme si les images n'attendaient que le moment où je ferme les paupières pour apparaître et commencer leur histoire ! Je m'endors chaque soir avec un plaisir inouï, celui de retrouver mes rêves. »

D'autres encore affirment ne jamais rêver. Cela est-il possible ? Ou cela veut-il dire que s'ils ne se souviennent pas de leurs rêves au réveil, c'est que leurs censures intimes restent importantes ou que leurs rêves ont une vie propre qui se déroule de façon étanche, cloisonnée, en parallèle de leur existence !

On peut penser aussi que les rêves viennent de notre imaginaire, mais d'un imaginaire libéré de toutes les contraintes, de toutes les limites, de tous les interdits, voire de tous les conditionnements de notre histoire. Mais cela est-il vrai ?

Un rêve peut dérouler une histoire puis s'accrocher à une autre, se mélanger à une troisième et ainsi se construire dans une sorte de tourbillon, de chaos le plus fou, tout en gardant l'apparence de notre réel. Il est des rêves aussi qui peuvent apparaître sans se dévoiler un seul instant, comme un rêve !

J'aime imaginer que le sommeil aime à protéger les rêves, en créant un état de non-défense qui leur permet de s'élancer, de danser, de jouer ou d'être graves, sérieux ou menaçants.

Ce que nous allons en faire au réveil appartient à chacun. Il y a ceux qui les notent scrupuleusement (parfois sur les conseils de leur psychanalyste, qui s'en servira pour déloger quelques-uns des non-dits de leur histoire ou encore pour les inviter à être plus à l'écoute de leur inconscient) et d'autres qui les racontent comme des anecdotes drôles ou dramatiques à leurs proches ou à leurs amis, les intégrant dans leur quotidien comme un bout d'histoire aseptisée : « Tu sais, j'ai fait cette nuit un drôle de rêve, je flottais dans l'air et ma mère, qui est morte pourtant depuis vingt ans, me parlait normalement, toute proche de moi… »

Quel que soit notre point de vue sur les rêves, gardons-nous de les négliger, essayons au mieux de les apprivoiser pour tenter d'entendre quelques-uns des messages de vie qu'ils nous proposent.

## Un beau cadeau à faire : offrir du temps

Pour lutter contre la tentation consumériste qui nous fait offrir des objets (souvent inutiles), acheter des cadeaux (qui ne vont laisser aucune trace) ou imposer une cravate de plus ou le collier qui viendra remplir une boîte à bijoux qui déborde, il y a de plus en plus de personnes qui pensent à donner autrement. À donner par exemple de leur temps. Elles vont offrir un bon qui représentera un temps de partage, un temps à vivre en commun, un temps de rencontre et d'échange privilégié.

Cette aspiration actuelle, relativement nouvelle, reflète à la fois une saturation et une déception vis-à-vis de la pression à acheter, à consommer, que nous subissons. Nous sommes envahis d'objets, dont la signification s'estompe au bout de quelques jours, de quelques heures parfois, qui nous encombrent et nous étouffent. Il y a aussi un levain écologiste qui commence à fleurir, un regard critique plus aigu sur l'origine des objets, le coût énergétique, le gaspillage des matières premières non seulement pour les réaliser mais pour faire qu'ils arrivent jusqu'à nous, venant parfois des antipodes !

Il y a enfin le besoin de retrouver de la créativité et de donner plus de sens au don, à l'offrande en donnant quelque chose de soi-même, qui pourra être accueilli et reçu comme un vrai cadeau.

Les enfants dans un premier temps peuvent être étonnés ou réfractaires. Il serait possible de leur dire : « Des objets, tu vas en recevoir beaucoup du reste de la famille, moi j'ai envie de te donner le meilleur de ce que je suis, un peu de moi-même. » C'est d'ailleurs ce que m'avait demandé l'une de mes filles, âgée de neuf ans : « Comme cadeau d'anniversaire, papa, je voudrais un peu de ton temps. Un temps rien qu'à nous deux, toi et moi ! » (Elle avait anticipé, elle a aujourd'hui près de quarante ans !)

À une époque où nous courons après le temps, où nous faisons trente-six choses à la fois, offrir de notre temps, de notre présence, de notre écoute, ce n'est pas rien ! Il est toujours possible d'offrir un objet, mais encore faut-il que le cadeau que vous envisagez vous fasse plaisir à vous. Ensuite, c'est une question de sensibilité, d'écoute, d'intuition. Je ne crois pas qu'il faille toujours aller dans le sens des envies de l'autre (elles sont éphémères et volatiles), ni répondre automatiquement à ses désirs (cela, il peut tenter d'y répondre par lui-même), mais nous pouvons aller un peu plus dans le sens de ses besoins profonds.

Le plus important c'est d'accompagner le cadeau avec notre enthousiasme. J'ai offert une montre Lip à l'un de mes petits-fils, âgé de quatorze ans et je lui ai raconté l'aventure autogestionnaire de Lip à partir de 1968.

Les cadeaux que nous pouvons faire de notre temps, de notre présence et au-delà de notre chaleur, de notre énergie ou de nos passions apportent à celui qui les reçoit une vibration énergétique, une qualité de partage qui va s'inscrire dans la mémoire infinie des souvenirs forts. Mes enfants se souviennent aujourd'hui (vingt ou trente ans plus tard) des moments que je leur offrais individuellement « rien qu'à eux ! », comme ils disaient.

Certains se demandent comment faire concrètement pour créer un vrai moment de partage, quand les relations sont un peu coincées dans certaines familles ou avec des proches. On a fait l'effort de se déplacer, de trouver du temps, de se rendre disponible pour échanger tendresse, joie, plaisir des retrouvailles et partager les changements survenus depuis la précédente rencontre et souvent, trop souvent, à travers un comportement un peu outrancier, une phrase malheureuse, le rappel d'un reproche, on va saboter un repas ou un moment fort et provoquer des fâcheries qui vont durer longtemps, longtemps, bien au-delà même du souvenir de la fête familiale au cours de laquelle l'incident s'est produit !

Je crois qu'il serait important d'annoncer clairement la couleur de notre souhait, c'est-à-dire notre intention de vivre du bon, de partager le meilleur de soi, de rencontrer le meilleur de l'autre. Il faut pour cela pouvoir s'appuyer sur une autodiscipline personnelle, qui consistera à ne pas se laisser polluer par des critiques, des reproches ou des accusations, pour s'appuyer sur ce qui se passe plutôt que sur ce qui ne se passe pas. En osant être gratifiant et généreux pour combler au moins deux besoins relationnels parmi les plus maltraités au quotidien : le besoin d'être reconnu, d'être valorisé non pour ce que nous avons fait, mais pour ce que nous sommes !

## Quel serait le rêve de votre vie ?

J'ai souvent entendu cette question. Elle était le plus souvent posée, avec quelques variantes, à la radio, à la télévision pour terminer une interview ou ponctuer un échange avec une célébrité, un expert ou un homme politique : « Auriez-vous un rêve que vous souhaiteriez voir se réaliser, quel est le rêve de votre vie ? »

Si je la reprends à mon compte, cette question m'entraîne loin, bien au-delà d'une simple réponse.

Je peux affirmer d'abord que mon existence a été traversée par de nombreux rêves. Des rêves éveillés très vivaces, que je distingue bien sûr de mes rêves nocturnes, qui ne le sont pas moins. À tous les âges de ma vie, j'ai été bousculé, mobilisé, dynamisé par des aspirations, par des désirs qui me semblaient, au moment où je les portais en moi, ou quand je pouvais les exprimer, essentiels et vitaux. Des rêves qui m'indiquaient une direction à suivre, une mission à accomplir, un projet à réaliser, un but à atteindre. Des rêves éveillés qui me réparaient, qui restauraient l'image dépréciée par mon entourage.

Ainsi dans mon enfance, mon rêve le plus important était de grandir très vite, pour échapper à l'influence et aux contraintes imposées par l'arbitraire des adultes, pour avoir enfin, du moins je le croyais, la liberté de « tout faire » !

Des années plus tard, après la maladie qui me cloua durant

quatre ans sur un lit de sanatorium, mon rêve secret (car tout autour de moi, il était évident qu'il était irréaliste) était de pouvoir marcher un jour sur mes deux jambes, de pouvoir me diriger seul, sans l'aide de quiconque, de partir enfin à la conquête de la vie. Rêve que j'ai pu heureusement réaliser après cinq ans de rééducation, mais en portant longtemps en moi la honte de marcher tout de guingois, ayant une jambe qui avait du mal à suivre mes impatiences !

Et puis m'a envahi le rêve (et l'espoir) d'être aimé, d'être désiré par celle que je croisais sur le chemin de la faculté de droit où je faisais des études pour devenir (quelle folie !) expert-comptable. Le rêve ardent d'être remarqué par cette jeune fille bien réelle qui se destinait à la magistrature, et qui me semblait inaccessible tellement elle me paraissait merveilleuse, intelligente et si à l'aise avec les autres étudiants. Je m'asseyais derrière elle, dans un amphithéâtre archiplein, et je sentais son parfum doux quand je penchais la tête, faisant semblant d'être absorbé par l'écriture de quelques notes autour du droit criminel, le seul cours qui nous était commun. J'ai ainsi rêvé toute une année scolaire d'entrer dans l'intimité de cette déesse, proche et si lointaine, qui ne me voyait même pas, pour laquelle je n'étais rien. Alors tenter de devenir quelqu'un, quand on s'est vécu comme rien, est un chemin parsemé de beaucoup de doutes.

Puis j'ai rêvé de voyager autour de la Méditerranée. C'est ainsi que chaque été, je partais en stop, je n'avais pas de limite sinon celle de ma faim et de ma solitude, quand je n'avais d'autres ressources que d'évaluer durant combien de jours j'aurais la force de jeûner, mes quelques économies étant épuisées, sur la route du retour.

J'ai aussi rêvé de devenir un sculpteur reconnu, non pas célèbre mais reconnu par un seul, un ami exigeant, sculpteur renommé, qui m'apprenait à tenir un maillet d'une main, un ciseau à bois de l'autre et qui me répétait, cent fois par jour :

« Cesse de rêver à l'impossible, approche-toi du réel, réalise ta vérité ! »

J'ai été longtemps porté par un rêve de paix, non seulement autour de moi, mais surtout en moi. Je sentais tant de violences dans mon être, tant de tensions, tant d'incertitudes et de contradictions et j'aspirais en même temps à la sérénité, à un accord intime entre ce que je sentais et ce que je faisais.

Avec les années, j'ai agrandi mes rêves à ceux que j'aimais et j'ai rêvé que mes enfants puissent s'épanouir, c'est-à-dire exister sans se trahir, garder le respect d'eux-mêmes, accepter de se réaliser au plus près de leurs possibles.

Aujourd'hui, j'ai un rêve fou, celui qu'un jour on puisse enseigner la communication à l'école comme une discipline à part entière. Qu'on puisse apprendre aux enfants les possibles d'une communication vivante, en santé, sans violence, autour d'une approche sur laquelle j'ai travaillé trente ans : la Méthode ESPERE® [1].

Et quand je reviens en arrière, je m'aperçois que j'ai réalisé, quand même, beaucoup de mes rêves, même si certains sont restés dans les limbes de mon imaginaire et continuent encore d'irriguer ma vie et de nourrir mon espérance.

1. Voir note p. 19.

## De la ferveur de vivre à la ferveur d'exister

Comme nous avons pu le percevoir tout au cours de ce livre, nous avons, chacun d'entre nous, beaucoup de moyens pour dynamiser ou maltraiter notre vie, pour l'aimer ou la détester, pour la consommer au quotidien ou l'honorer et la magnifier comme le plus beau des cadeaux que nous ayons jamais reçus de toute notre existence.

Après beaucoup d'errances, c'est ce dernier choix que j'ai fait, il y a quelques années, quand j'ai pris enfin conscience combien j'avais été, durant toute une partie de mon existence, un redoutable prédateur pour moi-même.

En proposant ces réflexions, ces quelques analyses et pistes qui traduisent mon cheminement et quelques-unes de mes découvertes, j'ai voulu mettre des mots pour transmettre, pour offrir à l'aide d'une parole simple, vivante, mes enthousiasmes, mes indignations, ma foi, mes certitudes et témoigner de mes engagements et choix de vie.

J'ai tenté de faire comprendre que nous sommes responsables, chacun d'entre nous, de cette parcelle de Vie que nous avons reçue au moment de notre conception et qu'il nous appartient de la respecter, de l'aimer et de l'agrandir en nous et autour de nous.

C'est cette ferveur d'exister qui permet à toute femme et à

tout homme d'offrir plus de vie à la Vie, plus d'amour à l'Amour, plus de paix à la Paix et par là même plus de sens à son Existence.

# Table

*L'Autre et les autres*



*Vivre à deux accordés ou désaccordés*

*Cheminement Évolution Changement*



*Rêves Projets Utopies*

## Du même auteur

AUX ÉDITIONS ALBIN MICHEL

*Bonjour tendresse*
*Paroles de rêves*
*Paroles d'amour*
*Paroles à guérir*
*Les Mémoires de l'oubli*
*N'oublie pas l'éternité*
*Car nous venons tous du pays de notre enfance*
*Pour ne plus vivre sur la planète Taire*
*Tous les matins de l'amour ont un soir*
*Lettres à l'intime de soi*
*Je m'appelle toi*
*Pensées tendres à respirer au quotidien*
*L'Enfant Bouddha*

AU LIVRE DE POCHE

*Pourquoi est-il si difficile d'être heureux ?*
*Papa, maman, écoutez-moi vraiment !*
*Contes à guérir, contes à grandir*
*Contes à s'aimer, contes à aimer*
*Contes d'errance, contes d'espérance*
*Je viens de toutes mes enfances*
*Je croyais qu'il suffisait de t'aimer*

CHEZ POCKET

*Heureux qui communique*
*T'es toi quand tu parles*
*Le courage d'être soi*

*Une vie à se dire*
*À qui ferais-je de la peine si j'étais moi-même ?*
*La vie à chaque instant*
*Passeur de vie*
*Si je m'écoutais… je m'entendrais !*
*Vivre avec soi*
*Vivre avec les autres*
*Vivre avec les miens*
*Aimer et se le dire*
*Et si nous inventions notre vie ?*

AUX ÉDITIONS JOUVENCE

*Apprivoiser la tendresse*
*Petit cahier d'exercice : Apprendre à s'aimer*

CHEZ GUY TRÉDANIEL ÉDITEUR

*Aimer l'amour*
*Aimer c'est plus que vivre*

AUX ÉDITIONS DU RELIÉ
*Manuel de survie dans le monde du travail*

*Composition IGS*
*Impression CPI Bussière en septembre 2012*
*à Saint-Amand-Montrond (Cher)*
*Éditions Albin Michel*
*22, rue Huyghens, 75014 Paris*
*www.albin-michel.fr*

*ISBN : 978-2-226-24396-6*
*N° d'édition : 20457/01. – N° d'impression : 122974/4.*
*Dépôt légal : octobre 2012.*
*Imprimé en France.*